NEW
서울대 선정
인문고전
60선

30
아리스토텔레스 **정치학**

NEW 서울대 선정 인문 고전 ㉚

만화 아리스토텔레스 **정치학**

개정 1판 1쇄 발행 | 2019. 8. 21
개정 1판 2쇄 발행 | 2021. 9. 27

신승현 글 | 박종호 그림 | 손영운 기획

발행처 김영사 | 발행인 고세규
등록번호 제 406-2003-036호 | 등록일자 1979. 5. 17.
주소 경기도 파주시 문발로 197 (우10881)
전화 마케팅부 031-955-3100 | 편집부 031-955-3113~20 | 팩스 031-955-3111

값은 표지에 있습니다.
ISBN 978-89-349-9455-8
ISBN 978-89-349-9425-1 (세트)

좋은 독자가 좋은 책을 만듭니다. 김영사는 독자 여러분의 의견에 항상 귀 기울이고 있습니다.
전자우편 book@gimmyoung.com | 홈페이지 www.gimmyoungjr.com

이 도서의 국립중앙도서관 출판예정도서목록(CIP)은 서지정보유통지원시스템 홈페이지(http://seoji.nl.go.kr)와
국가자료종합목록시스템(http://www.nl.go.kr/kolisnet)에서 이용하실 수 있습니다. (CIP제어번호 : CIP2018042951)

어린이제품 안전특별법에 의한 표시사항
제품명 도서 제조년월일 2021년 9월 27일 제조사명 김영사 주소 10881 경기도 파주시 문발로 197
전화번호 031-955-3100 제조국명 대한민국 ⚠주의 책 모서리에 찍히거나 책장에 베이지 않게 조심하세요.

미래의 글로벌 리더들이 꼭 읽어야 할 인문고전을 만화로 만나다

NEW 서울대 선정 인문고전 60선

30

아리스토텔레스 정치학

신승현 글 · 박종호 그림

주니어김영사

| 기획에 부쳐 |

〈NEW 서울대 선정 인문고전60〉이 국민 만화책이 되기를 바라며

제가 대여섯 살 때 동네 골목 어귀에 어린이들에게 만화책을 빌려주는 좌판 만화 대여소가 있었습니다. 땅바닥에 두터운 검정 비닐을 깔고 그 위에 아이들이 좋아하는 만화책을 늘어놓았는데, 1원을 내면 낡은 만화책 한 권을 빌릴 수 있었지요. 저는 그곳에서 만화책을 보면서 한글을 깨쳤고 책과의 인연을 맺었습니다.

초등학교 때는 용돈을 아껴서 책을 사서 읽었고, 중학교 때는 학교 도서 반장을 맡아 도서관에서 매일 밤 10시까지 있으면서 참 많은 책을 읽었습니다. 그 무렵 헤밍웨이의 《노인과 바다》를 손에 땀을 쥐며 읽으면서 인생에 대해 고민했고, 헤르만 헤세의 《수레바퀴 아래서》를 읽으며 사춘기의 심란한 마음을 달랬습니다. 김래성의 《청춘 극장》을 밤새워 읽는 바람에 다음 날 치르는 중간고사를 망치기도 했습니다.

당시 저의 꿈은 아주 큰 도서관을 운영하는 사람이 되어 온종일 책을 보면서 책을 쓰는 작가가 되는 것이었습니다. 나이가 들고 어느 정도 바라는 꿈을 이루었습니다. 큰 도서관은 아니지만 적당한 크기의 서점을 운영하고, 글을 쓰는 작가가 되었거든요. 저는 여기에 새로운 꿈을 하나 더 보탰습니다. 그것은 즐거운 마음과 힘찬 꿈을 가지게 해 주고, 나아가 자기 성찰을 도와주는 좋은 만화책을 만드는 일이었습니다. 이렇게 해서 만든 책이 바로 〈서울대 선정 인문고전〉입니다. 서울대학교 교수님들이 신입생과 청소년들이 꼭 읽어야 할 책으로 추천한 도서들 중에서 따로 60권을 골라 만화로 만든 것입니다. 인류 지성사의 금자탑이라고 할 수 있는 고전을 보기 편하고 이해하기 쉽도록 만화책으로 만드는 일은 쉬운 일은 아니었습니다. 약 4년 동안에 수십 명의 학교 선생님들과 전공 학자들이 원서의 내용을 정확하게 전달할 수 있도록 밑글을 쓰고, 수십 명의 만화가들이 고민에 고민을 거듭하면서 만화를 그려 60권의 책을 만들었습니다.

〈서울대 선정 인문고전〉이 완간되었을 무렵에 우리나라에 인문학 읽기 열풍이 불기 시작했습니다. 〈서울대 선정 인문고전〉은 인문학 열풍을 널리 퍼뜨리는 데 한몫을 하면서 독자들의 뜨거운 사랑과 관심을 받았습니다. 덕분에 지금까지 수백만 권이 팔리는 베스트셀러가 되었습니다. 그 사랑에 조금이나마 보답을 하기 위해 《칸트의 실천이성 비판》, 《미셸 푸코의 지식의 고고학》, 《이이의 성학집요》 등 우리가 꼭 읽어야 할 동서양의 고전 10권을 추가하여 만화로 만들었습니다.

〈서울대 선정 인문고전〉은 어린이와 청소년이 부모님과 함께 봐도 좋을 만화책입니다. 국민 배우, 국민 가수가 있듯이 〈서울대 선정 인문고전〉이 '국민 만화책'이 되길 큰마음으로 바랍니다.

손영운

| 글작가 머리말 |

아리스토텔레스의 놀라운 철학 세계로 안내하는 《정치학》

저는 원래 글을 쓰는 것보다는 다른 사람이 쓴 글을 읽는 것을 좋아합니다. 더 솔직히 말하자면 글 쓰는 것을 아주 싫어하는 편이라고 해야 옳을 것 같군요. 그런 제가 어떻게 해서 이 글을 쓰게 됐을까요? 아주 우연한 기회에 선배로부터 전화 한 통을 받았습니다. 서울대에서 선정한 인문고전 50권을 재미있는 만화로 엮어 청소년들이 쉽게 읽을 수 있도록 시리즈물을 기획하고 있는데, 같이 참여해 줬으면 좋겠다는 것이었지요. 여느 때 같았으면 단번에 손사래를 쳤을 텐데, 이번엔 왠지 거절할 수가 없었습니다. 마치 운명 같았다고나 할까요?

물론 나중에야 많이 후회했습니다. 특히 기초 자료를 수집하면서 아리스토텔레스의 《정치학》에 대한 제대로 된 번역서 한 권 없다는 사실을 알았을 때 더욱 그랬습니다. 하지만 기왕에 일을 하기로 마음먹었는데 이대로 물러날 수 없다는 오기가 발동했습니다. 서울의 대형 서점들을 다 뒤지다시피 하여 겨우 오래된 번역서 한 권을 찾아냈습니다. 그렇게 찾아낸 번역서 한 권을 보물처럼 껴안고 몇 날 며칠을 보냈습니다. 하지만 《정치학》은 그렇게 호락호락 속을 드러내지 않았습니다. 세 번을 읽었는데도 무슨 말인지 도무지 이해할 수가 없었지요.

이대로는 안 되겠다 싶어 번역서에 매달리는 것을 잠시 보류하고 《정치학》 관련 논

문들을 뒤지기 시작했습니다. 그렇게 헤매기를 두 달여, 관련 논문들을 찾아 닥치는 대로 읽고 정리하다 보니 조금씩 길이 보이기 시작했습니다. 일단 전체적인 흐름이 파악되자 원전을 완벽하게 재현해야 된다는 강박 관념에서 해방될 수 있었습니다. 같은 주제와 내용이 통하는 부분들끼리 서로 묶고, 핵심 내용에서 벗어난 것들은 과감하게 생략하고, 어려운 내용들은 쉽게 풀어썼습니다. 이렇게 하여 어렵사리 이 한 권의 책이 만들어졌습니다.

독자 여러분!

아리스토텔레스의《정치학》은 결코 만만한 책이 아닙니다. 그렇다고 겁먹을 필요는 없답니다. 여러분이 편안하게 읽을 수 있도록 최선을 다해 쉽게 쓰려고 노력했으니까요. 처음부터 긴 호흡으로 차근차근 읽어 가다 보면 아리스토텔레스의 놀라운 철학 세계를 경험할 수 있을 것입니다. 다만 이 책에서 다루고 있는 내용은 아리스토텔레스《정치학》의 완전한 내용이 아니라, 기본 뼈대와 핵심 사상이라는 것을 미리 밝혀 두고 싶습니다. 따라서 나중에 아리스토텔레스의《정치학》에 대해 더 깊이 공부하고 싶은 분들은 반드시 원전을 함께 읽어야 한다는 것을 알려드립니다.

아무쪼록 이 한 권의 책이 아리스토텔레스의 정치에 대한 사상을 이해하는 데 많은 보탬이 되길 바랍니다. 마지막으로 이 글을 마칠 수 있도록 도움 주신 모든 분께 진심으로 감사드립니다. 특히 어떻게 시작해야 할지 몰라 막막해 하고 있을 때 라파엘로의 '아테네 학당' 이야기를 들려준 친구에게 고맙다는 말을 전하고 싶습니다.

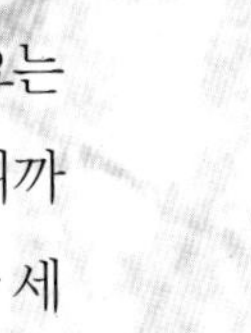

신승헌

| 그림작가 머리말 |

훌륭한 철학자의 자질을 깨닫게 해 준 책

저에게 대표적인 서양 철학자들을 꼽으라면 자연스럽게 소크라테스, 플라톤, 아리스토텔레스를 떠올리게 됩니다. 이 세 사람은 스승과 제자 사이라고 합니다. 독자 여러분은 아마 '훌륭한 스승이 있으니 훌륭한 제자가 나오는 것은 당연하다.' 고 생각할 수도 있을 겁니다.

저 역시 이 책의 작업에 참여하기 전까지 그렇게 생각을 했었으니까요. 하지만 이 책을 완성한 지금은 생각이 바뀌었습니다. 아무리 훌륭한 스승의 가르침을 받는다 해도 그것을 어떻게 해석하고 어떻게 받아들이느냐에 따라, 훌륭한 제자가 될 수도 있고 그렇지 못할 수도 있다고 말입니다.

아리스토텔레스는 호기심이 무척 많아서 궁금한 점이나 스승님의 가르침에 의문이 생기면 그 문제가 풀릴 때까지 고민하고 연구를 했다고 합니다. 그래서 아무리 스승이라 하더라도 잘못된 점을 지적하고, 왜 자신의 생각이 옳은지 차분하게 설명하고 증명했습니다. 누구나 생각이 다를 수 있으며, 스승의 가르침이라고 해서 무조건 옳다고 할 수 없으니까요. 이렇듯 아리스토텔레스는 주관이 뚜렷한 사람이었습니다. 그렇기 때문에 그가 훌륭한 철학자가 된 게 아닐까요?

여러분은 아리스토텔레스가 남긴 명언, '인간은 사회적 동물이다.' 를 아시죠? 저 역시 어릴 적부터 자연스럽게 듣고 자란 명언이지만, 깊이 생각해 본 적은 없습니다. 혼

자서는 살 수 없는 게 인간이니까 당연하다고만 생각했습니다. 하지만 이번에 아리스토텔레스의 《정치학》을 작업하면서 단순하게 생각했던 그 명언을 진지하게 생각하게 됐습니다. 인간은 왜 사회적 동물인지, 왜 인간은 혼자서는 살 수 없는지, 그리고 사회적 동물보다 정치적 동물이란 표현이 더 정확하다는 것도요.

아리스토텔레스는 '인간은 정치적 동물이다.' 라고 했는데 독자 여러분들은 요즘 정치가 어떻다고 생각하나요? 정치인들을 보면 자신들 주장만 내세우고 상대방의 의견에 대해서는 귀를 닫아 버리잖아요. 아리스토텔레스가 말하고자 하는 정치란 그런 게 아닐 텐데 말입니다. 저는 아리스토텔레스의 《정치학》을 작업하면서 진정한 정치의 의미를 조금은 알게 되었습니다. 가장 훌륭한 국가를 만들기 위해 필요한 게 무엇이며, 사람들이 어떻게 행동해야 옳은 것이고, 어떻게 살아야 행복한 삶인지 말이지요. 또한 2400년 전에 아리스토텔레스가 만든 《정치학》을 왜 지금도 많은 사람들이 공부하는지에 대해서도 느끼게 되었습니다. 독자 여러분도 이 책을 차분히 들여다보면 저처럼 느끼게 될 거라고 생각합니다.

마지막으로 아리스토텔레스의 《정치학》을 그리면서 제 나름대로 한 컷 한 컷 열심히 표현했지만, 혹시 잘못된 표현으로 독자 여러분들에게 잘못 전달이 됐을까 걱정도 됩니다. 그 점은 부디 너그럽게 봐 주고 재미있게 읽어 주었으면 합니다.

아울러 훗날 여러분들 중에서 아리스토텔레스가 말하는 훌륭한 정치인이 많이 나오길 바랍니다.

박종호

| 차 례 |

제1장 《정치학》은 어떤 책일까?
정치학
누가 내 단잠을 깨운 거야?
부비 부비
책을 보느라 한 시간도 못 잤는데….
아~ 너구나. 공부도 못하게 생긴 네가 어려운 이 책은 왜 읽으려고…?
아~ 미안~ 외모로 사람을 판단해선 안 되지!
나도 잘난 얼굴은 아니다만, 머리는 똑똑하거든. 헤헤헤~.
우선 내 소개부터 할게.
반짝
회장
반짝
난 '아리스토텔레스를 연구하는 사람들' 모임의 회장이야!
그래서 내 아이디도 '아리스토텔레스' 지. 사람들은 날 그냥 '텔레비스' 라고 불러.
조금 유치한가?
탁 탁 탁
아무튼 다른 건 몰라도 아리스토텔레스의 《정치학》에 대해서는 자신 있게 설명해 줄테니 재미있게 들어 봐!
정치학

지금 우리가 읽는 책들이 종이로 만들어졌다는 사실을 모르는 사람은 아무도 없겠지?
찌이익..
찌익
그렇다면 종이는 언제 발명됐을까?
혼날래요?
앗, 죄송..!
찌익
종이는 서기 105년, 그러니까 지금으로부터 약 1900년 전, 후한의 채륜이 발명했어.
나, 채륜
팔랑
팔랑
그전에는 뼛조각이나 나뭇잎, 대나무, 파피루스, 점토판이나 양가죽에다 기록했지.
그러니까 이만저만 불편한 게 아니었어.
부피 크지.
무겁지.
보관하기 힘들지.
점토판 하나 두께를 1센티미터만 잡아도 100쪽짜리 책 200~300권 정도면 교실 한 칸은 금방 채우고 말걸? 그런 책이 천 권, 만 권, 아니 그 이상이라고 상상해 봐.
이렇게 되지 않겠어?
지구는 점토판 세상~.
휘청
휘청
꺄악
꺄악
헥
헥
게다가 학교갈 때는 어쩌라고~!
헥
그러니까 종이를 발명한 채륜에게 고마워해야 한다고.
채륜 짱!
고마워요, 채륜 아저씨~!
쑥스럽구먼..
그러면 아리스토텔레스는 자신의 생각을 어디에 기록했을까?
종이일까?
아니면 저 끔찍한 점토판이었을까?

다행히 점토판은 아니야.
아리스토텔레스는 기원전 384년, 그러니까 지금으로부터 약 2400년 전에 태어났으니까….
종이가 발명되기 훨씬 전이지.
그때는 대부분 양가죽에 기록했지.
매에~
매에~
매에~
매에~
기록 좀 하자니까~!
양가죽을 얇고 부드럽게 만들어서 넓게 펼친 양피지에다 기록하고, 그것을 두루마리 형태로 보관했어.
그러니까 아리스토텔레스도 그런 방법을 썼을 거야.
아쭈~ 좀 아는데?
양들의 명복을…
아리스토텔레스는 만물박사였어.
가족 오락관
정치, 철학, 의학, 예술, 과학, 생물학, 윤리학…. 뭐 그런 문제는 없냐?
찬스
몇 대 몇!
0점
그래서 그가 남긴 책들도 엄청 많아. 고대의 책 목록을 보면 지금 전해지지 않은 책들까지 합치면 약 170권 정도라고 해.
20세부터 책을 썼다고 가정하면… 63세에 돌아가셨으니까, 평균 1년에 4권 정도 책을 쓴 셈이지.
탁
43) 172 = 4
아리스토텔레스가 평생에 걸쳐 쓴 책들은 두 부류로 나눌 수 있어.
꾸벅
꾸벅
오늘은 그만 쓸까….
물론 아리스토텔레스가 처음부터 그렇게 분류해서 쓴 건 아니고
드렁 드르렁~
아리스토텔레스를 연구하는 후대 사람들이 그렇게 분류한 거지.
두 가지로 분류합시다.
여기 번져 있는 자국은…?

하나는 그 당시의 일반인들을 위해 쓴 책들이야.
그래서 비교적 이해하기 쉽게 썼지. 읽는 사람의 수준을 생각해서 그 당시 유행하는 말투라든가 문체를 많이 사용했거든.
하지만 아주 훌륭하고 멋진 문장들도 많이 사용했어. 그래서 어떤 사람들은 이런 아리스토텔레스의 문장을 보고 '황금의 강' 같다고 표현했지.
아리스토텔레스는 글을 굉장히 잘 썼던 것 같아. 요즘 시대에 태어났다면 이러지 않았을까?
신춘문예 당선은 기본이고, 노벨 문학상도 받았을걸?
신춘문예 당선
주르륵
상장
일반인들을 상대로 쓴 책들은 수필, 시, 편지, 짧은 논문 같은 것들이 대부분이야.
시, 편지
수필
논문
하지만 안타깝게도 몇 개의 단편을 빼고는 모두 사라졌지.
활
활
활
활
그런데 어떻게 아리스토텔레스가 그 책들을 썼는지 알 수 있을까?
그건 말이야.
다른 사람들이 남긴 기록으로 알 수 있어. 거기에 아리스토텔레스가 썼다는 책들에 대해 많이 기록되었거든.
삭
여기에도
삭
여기에도
여기에도
삭

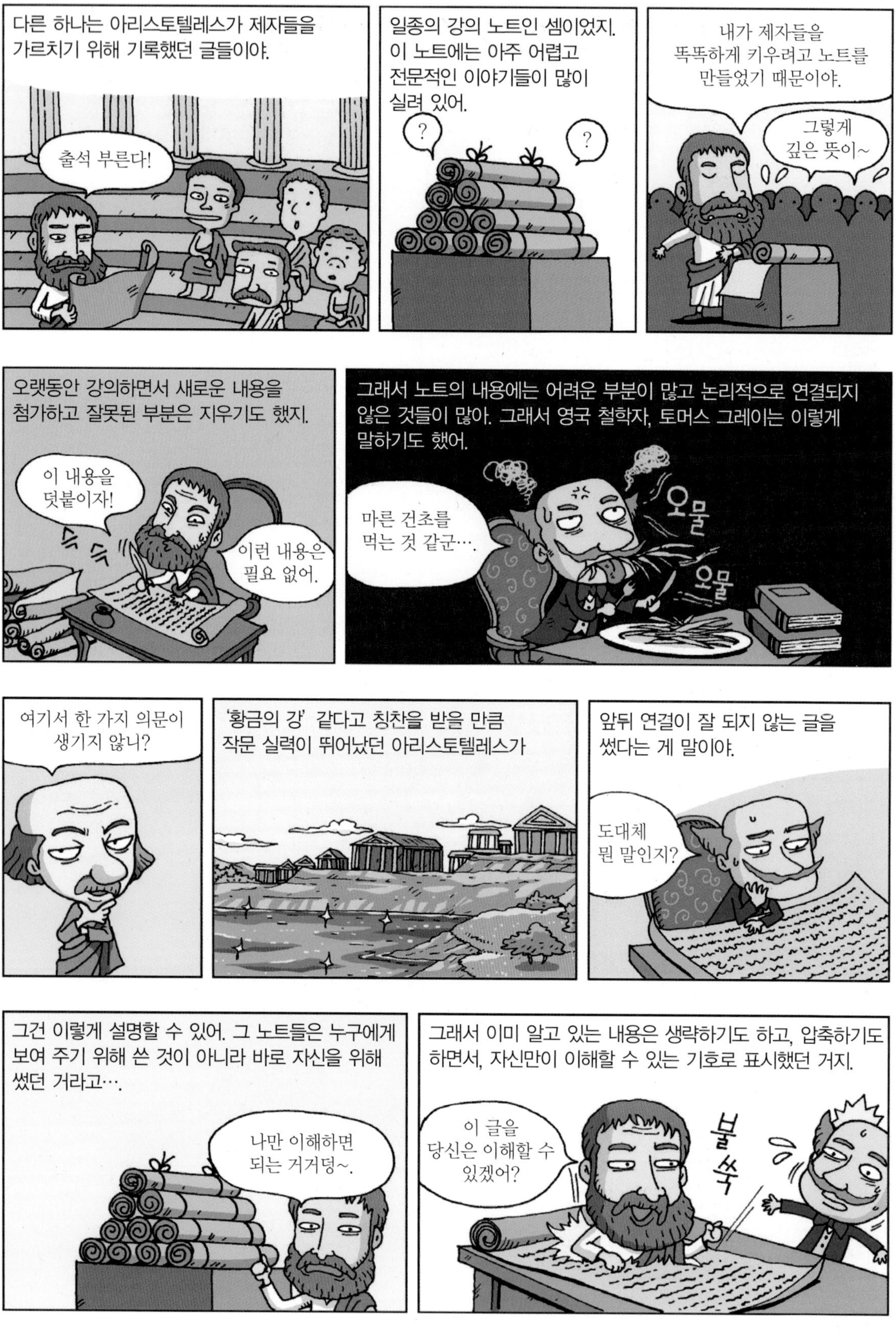
다른 하나는 아리스토텔레스가 제자들을 가르치기 위해 기록했던 글들이야.
출석 부른다!
일종의 강의 노트인 셈이었지. 이 노트에는 아주 어렵고 전문적인 이야기들이 많이 실려 있어.
?
?
내가 제자들을 똑똑하게 키우려고 노트를 만들었기 때문이야.
그렇게 깊은 뜻이~
오랫동안 강의하면서 새로운 내용을 첨가하고 잘못된 부분은 지우기도 했지.
이 내용을 덧붙이자!
슥 슥
이런 내용은 필요 없어.
그래서 노트의 내용에는 어려운 부분이 많고 논리적으로 연결되지 않은 것들이 많아. 그래서 영국 철학자, 토머스 그레이는 이렇게 말하기도 했어.
마른 건초를 먹는 것 같군….
오물
오물
여기서 한 가지 의문이 생기지 않니?
'황금의 강' 같다고 칭찬을 받을 만큼 작문 실력이 뛰어났던 아리스토텔레스가
앞뒤 연결이 잘 되지 않는 글을 썼다는 게 말이야.
도대체 뭔 말인지?
그건 이렇게 설명할 수 있어. 그 노트들은 누구에게 보여 주기 위해 쓴 것이 아니라 바로 자신을 위해 썼던 거라고….
나만 이해하면 되는 거거덩~.
그래서 이미 알고 있는 내용은 생략하기도 하고, 압축하기도 하면서, 자신만이 이해할 수 있는 기호로 표시했던 거지.
이 글을 당신은 이해할 수 있겠어?
불쑥

우리가 앞으로 살펴볼 《정치학》도 두 번째 부류에 속하는 책이라고 생각하면 돼. 그래서 내용이 아주 어렵지.
정치학
하지만 겁먹을 필요는 없어.
내가 말했듯이 아주 쉽고 재미있게 설명해 줄 테니~.
잘난 척~
알았으니 하던 얘기나 계속하시지.
퍽
헉!
아리스토텔레스가 쓴 강의 노트들은 그가 살아 있는 동안엔 책으로 출판되지 않았어.
그냥 이렇게 보관돼 왔지.
그럼 누가 언제 처음으로 아리스토텔레스의 노트를 책으로 펴냈을까?
정치학
POLITICS
아리스토텔레스가 죽은 뒤 300년이 지나서 '안드로니코스' 라는 사람이 책으로 처음 만들었어.
스승님의 글을 책으로 정리해 놓자.
안드로니코스
안드로니코스는 아리스토텔레스가 제자들을 가르치기 위해 세웠던 '리케이온' 의 마지막 우두머리야.
리케이온
일종의 학원이지.
그는 여러 편의 단편 논문들을 같은 주제들끼리 모아서 편집하고 출판했지.
정치학
POLITICS
논리학
LOGIC
생물학
BIOLOGY
윤리학
ETHICS
천문학
하지만 요즘 우리가 읽고 있는 아리스토텔레스에 관한 대부분의 책들은 1831년 임마누엘 베커에 의해 출판되었어.
출간
1831년
베커
물론 임마누엘 베커는 안드로니코스의 판본을 근거로 했지.
이 책을 근거로 하자!
정치학
안드로니코스
그러니까 우린 오늘날 아리스토텔레스를 만나게 해 준 이 두 사람에게 감사해야 해.

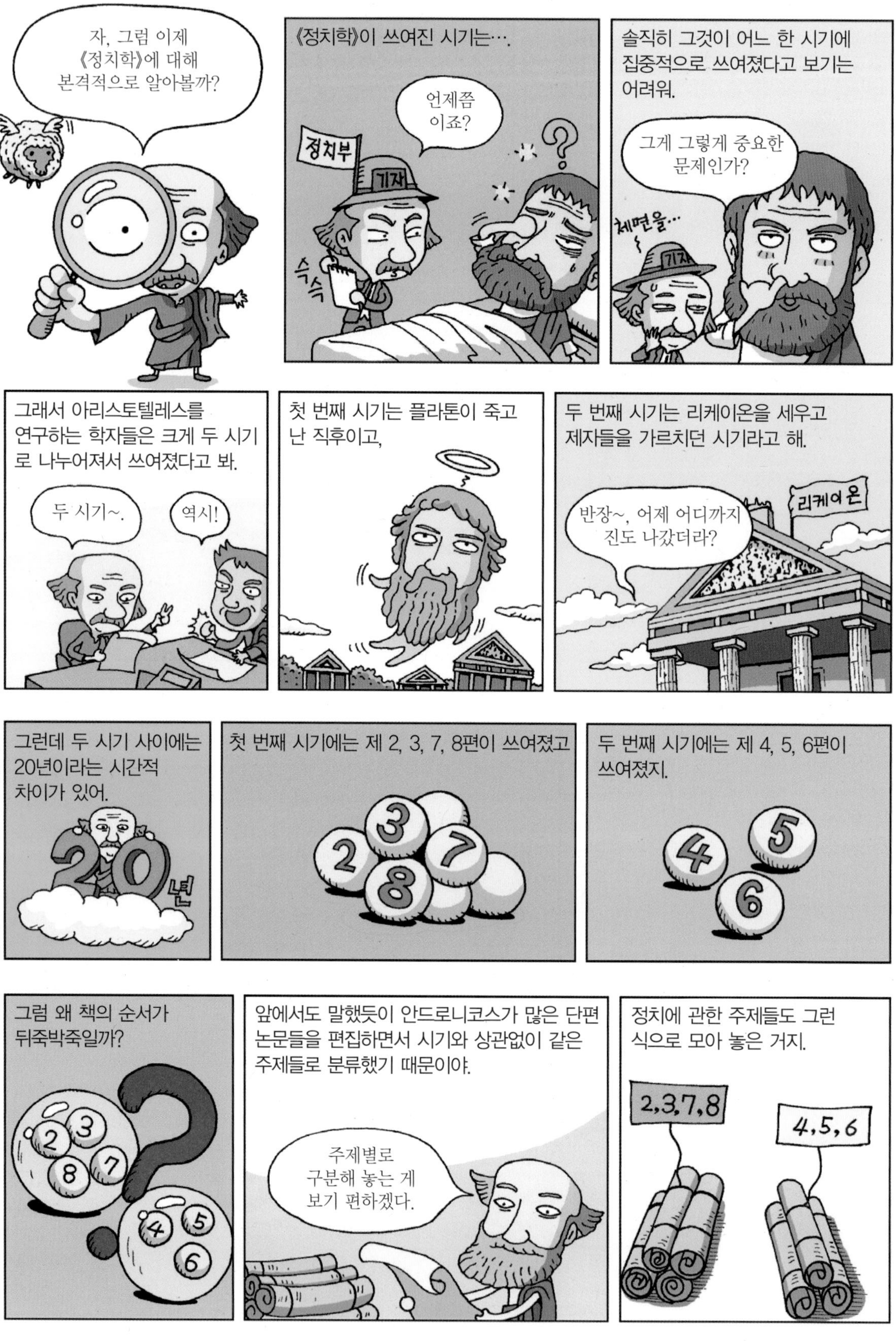

자, 그럼 이제 《정치학》에 대해 본격적으로 알아볼까?
《정치학》이 쓰여진 시기는….
정치부
기자
언제쯤 이죠?
슥슥
솔직히 그것이 어느 한 시기에 집중적으로 쓰여졌다고 보기는 어려워.
그게 그렇게 중요한 문제인가?
체면을…
기자
그래서 아리스토텔레스를 연구하는 학자들은 크게 두 시기로 나누어져서 쓰여졌다고 봐.
두 시기~.
역시!
첫 번째 시기는 플라톤이 죽고 난 직후이고,
두 번째 시기는 리케이온을 세우고 제자들을 가르치던 시기라고 해.
리케이온
반장~, 어제 어디까지 진도 나갔더라?
그런데 두 시기 사이에는 20년이라는 시간적 차이가 있어.
20년
첫 번째 시기에는 제 2, 3, 7, 8편이 쓰여졌고
두 번째 시기에는 제 4, 5, 6편이 쓰여졌지.
그럼 왜 책의 순서가 뒤죽박죽일까?
앞에서도 말했듯이 안드로니코스가 많은 단편 논문들을 편집하면서 시기와 상관없이 같은 주제들로 분류했기 때문이야.
주제별로 구분해 놓는 게 보기 편하겠다.
정치에 관한 주제들도 그런 식으로 모아 놓은 거지.
2,3,7,8
4,5,6

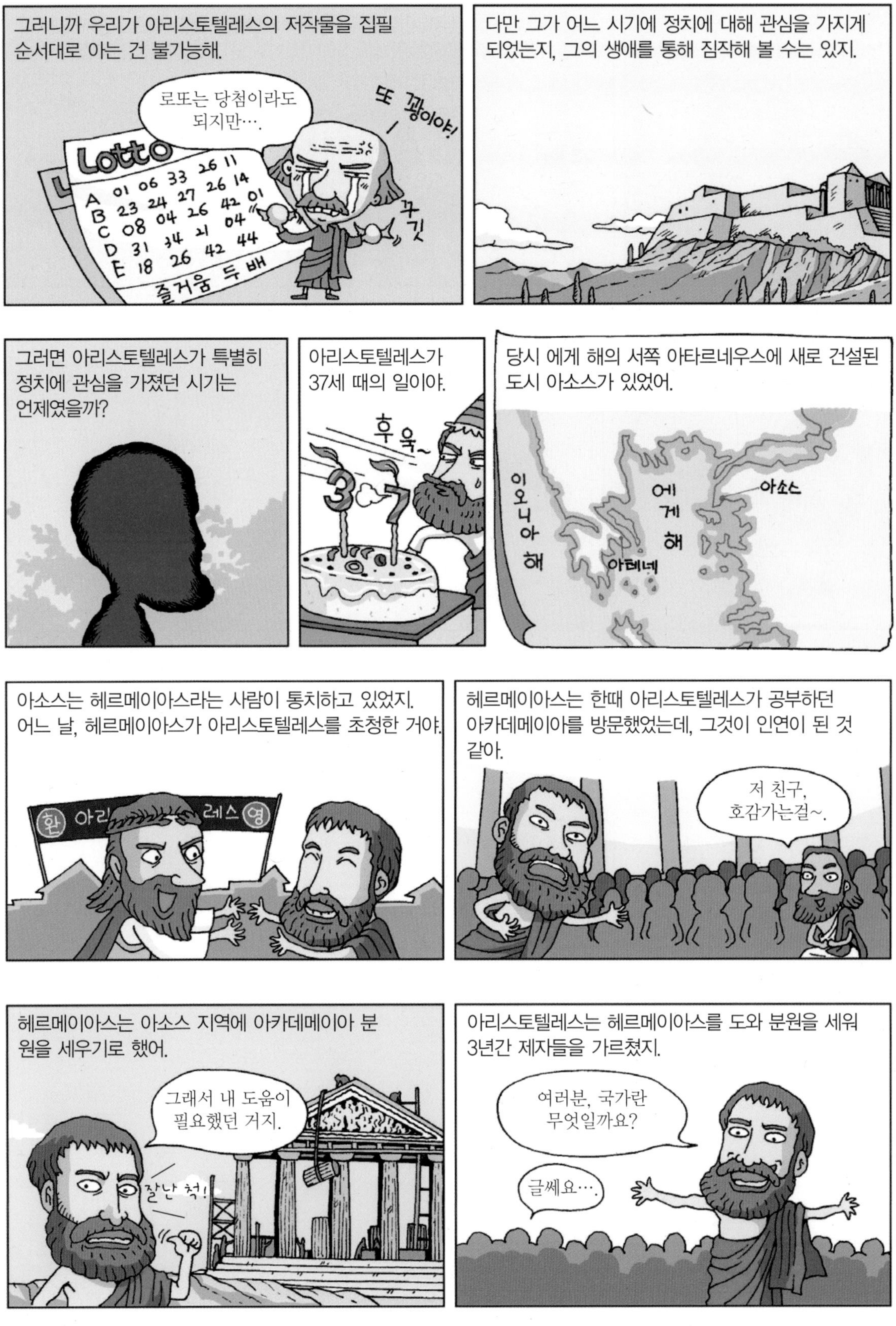

그러니까 우리가 아리스토텔레스의 저작물을 집필 순서대로 아는 건 불가능해.
로또는 당첨이라도 되지만….
또 꽝이야!
Lotto
A 01 06 33 26 11
B 23 24 27 26 14
C 08 04 26 42 01
D 31 34 21 04
E 18 26 42 44
즐거움 두 배
꾸깃
다만 그가 어느 시기에 정치에 대해 관심을 가지게 되었는지, 그의 생애를 통해 짐작해 볼 수는 있지.
그러면 아리스토텔레스가 특별히 정치에 관심을 가졌던 시기는 언제였을까?
아리스토텔레스가 37세 때의 일이야.
후욱~
37
당시 에게 해의 서쪽 아타르네우스에 새로 건설된 도시 아소스가 있었어.
이오니아 해
에게 해
아소스
아테네
아소스는 헤르메이아스라는 사람이 통치하고 있었지. 어느 날, 헤르메이아스가 아리스토텔레스를 초청한 거야.
환 아리 레스 영
헤르메이아스는 한때 아리스토텔레스가 공부하던 아카데메이아를 방문했었는데, 그것이 인연이 된 것 같아.
저 친구, 호감가는걸~.
헤르메이아스는 아소스 지역에 아카데메이아 분원을 세우기로 했어.
그래서 내 도움이 필요했던 거지.
잘난 척!
아리스토텔레스는 헤르메이아스를 도와 분원을 세워 3년간 제자들을 가르쳤지.
여러분, 국가란 무엇일까요?
글쎄요….

여기서 제7권의 12개 장을 썼다고 알려져 있어.
12개장
또한 헤르메이아스의 조카 딸인 피티아스와 결혼을 했어. 그런데 재미있는 것은 《정치학》에 몇 살에 결혼하는 것이 가장 좋은지도 쓰여 있다는 거야.
짝
짝
짝
짝
몇 살에 결혼하는 것이 좋을까?
당근 37세이지!
왜 그랬는 줄 아니?
내가 37세에 결혼했기 때문이지.
헤헤헤..
웃기지? 아리스토텔레스는 아마도 왕자병 환자였나 봐.
응급실
왕자병
이런 사실로 미루어 보건데….
적어도 《정치학》 중의 일부는 이 시기에 쓰여진 게 분명해.
아쭈~
또 아리스토텔레스가 42세 되던 해(B.C. 343년)에 마케도니아 왕 필리포스 2세가 그를 초청했어.
마케도니아
지중해
초청장
13세인 자신의 아들, 알렉산드로스의 교육을 위해서였지.
반가워요. 알렉산드로스 군!
그는 알렉산드로스의 가정 교사로 있으면서 《정치학》에 특별한 관심을 기울였다고 볼 수 있어.
왜냐하면 자신의 제자가 훌륭한 통치자로 클 수 있도록 가르쳐야 했으니까.

그러나 나중에 알렉산드로스의 행동을 보면, 아리스토텔레스는 훌륭한 가정 교사는 못 됐던 것 같아.
이히히힝
알렉산드로스는 스승의 가르침대로 따르지 않았거든.
제가 알아서 할게요~.
….
이 얘기는 나중에 자세히 들려줄게.
그렇다면 《정치학》에는 어떤 내용들이 적혀 있을까?
정치학
좌악~
《정치학》이 어떤 책인지 이해하려면 아리스토텔레스의 학문 연구 방법을 이해하는 게 중요해.
학문
학문
정치학
너희들은 공부하다가 모르는 문제가 나오거나 궁금한 점이 생기면 어떻게 하지?
선생님께 질문?
네이버 지식in?
친구들과 토론?
아니면 부모님께 여쭤보나?
나름대로 모두 좋은 방법이야!
그렇다면 아리스토텔레스는 어떻게 했을까?
컴퓨터가 있는 것도 아니죠.
궁금한 점이나 연구하고 싶은 분야가 생기면 자기보다 먼저 그 문제를 고민했던 사람이 있는지 찾아봤어.
이상적인 국가란 뭔가요?

그리고 그 사람들이 그 문제에 대해 어떻게 생각하는지,
국가는 정의를 토대로….
에, 또….
어떤 기록을 남겼는지 자세히 분석하고 정리했지.
분석
정리
그 다음엔 자기 생각과 다른 점을 찾았고
같은 점
다른 점
그것을 바탕으로 해서 자신의 생각을 정리했던 거야.
분석 정리중
이런 방법을, 전문적인 말로 '역사적 방법론'이라고 해.
역사적 방법론
펄럭~
아리스토텔레스가 즐겨 썼던 방법이지.
역사적 방
비가 오나~
눈이 오나~
그렇기 때문에 아리스토텔레스의 책을 공부하다 보면 다른 곳에서는 볼 수 없었던 철학자들의 사상을 많이 볼 수가 있어.
정치학
아리스토텔레스
우리 아리스토텔레스를 통해서 다른 사람들의 사상까지도 덤으로 배울 수 있는 거고.
이건 덤이야~!
다른 사람들의 사상
이런 걸 '일석이조'라고 하겠지?
퍽
퍽

《정치학》도 이런 역사적 방법론을
토대로 쓴 거야.
정치학
역사적 방법론
그래서 《정치학》에서는 앞서 공부했던 철학자들의 사상이 많이 소개돼 있지.
사상
팔레아스
소크라테스
대표적인 철학자로는
소크라테스, 팔레아스, 그리고 바로 나 플라톤이지.
플라톤
아리스토텔레스는 그들의 생각을 분석해서
그들과 다른 자신의 생각이 왜 옳은지를
차분하게 설명하고 증명했어.
그리고 마지막으로 자신의
핵심 사상을 정리했지.
매트릭스 효과
《정치학》은 아주 현실적인 책이야.
이 말이 무슨 뜻인지 이해가 잘
안 되지?
현실적?
음~ 이렇게 생각하면 돼.
네!
현실적이란 말은, 우리가 다른
사람들과 어울려서 행복하게
살아가는 데 꼭 필요한 지혜를
알려 준다는 뜻이야.
전문적이고 어려운 이론이 중심이
되지 않고, 실생활에 직접 쓸 수
있는 지혜를 중심으로 기록했다는
거지.
정치학

예를 들면 이런 거야.
나, 초보 운전자.
면허증
운전을 잘하고 싶은 사람에게 정말 필요한 지식은 뭘까?
바아아아앙
자동차 엔진은 어떤 원리로 작동할까?
엔진에서 발생한 힘이 어떻게 바퀴까지 전달될까?
이런 걸 잘 알아 두면 운전하는 데 도움은 되겠지….
하지만 몰라도 운전하는 데는 지장이 없어.
빵
빵빵
반드시 필요한 건 이런 거야.
끼리릭
시동 거는 방법.
기어를 넣는 방법.
핸들을 조작하는 방법.
브레이크를 사용하는 방법 같은 거 말야.
끼기기긱-
《정치학》이 바로 그런 책이야.
우리가 살고 있는 사회를 커다란 자동차라고 생각해 봐.
자동차에 탄 사람들 모두 행복하고 안전하게 최종 목적지에 도착하기 위해선 무엇이 필요할까?
빨리 출발 합시다!
우선 나 같은 훌륭한 기사가 필요하겠지.

그리고 편안하고 안전한 운전 기술이 필요할 테지.
틱
틱
틱
...
끼악!
아리스토텔레스가 《정치학》으로 가르쳐 주고 싶었던 것은 현실 정치에 꼭 필요한 지혜였어.
지혜
자! 그럼 본격적으로 《정치학》의 내용을 살펴볼까?
《정치학》은 한마디로 인간의 행동과 공동체 문제를 다룬 책이라고 할 수 있어.
바람직한 공동체를 만들고 유지하기 위해서 우리가 어떤 행동을 하는 것이 가장 올바른지 알려 주지.
《정치학》은 총 8편으로 돼 있어.
2
1
4
3
먼저 제1편은 크게 두 가지 주제로 나뉠 수 있어.
하나는 국가에 대한 내용이고, 다른 하나는 가정에 대한 내용이야.
국가
가정
국가에 대한 내용에서는 '국가는 무엇인가?', '국가는 어떻게 해서 생겨났을까?'를 설명해.
아리스토텔레스에 따르면, 국가는 다른 도움이 필요없는, 가장 완벽한 상태의 공동체라는 거야.
국가

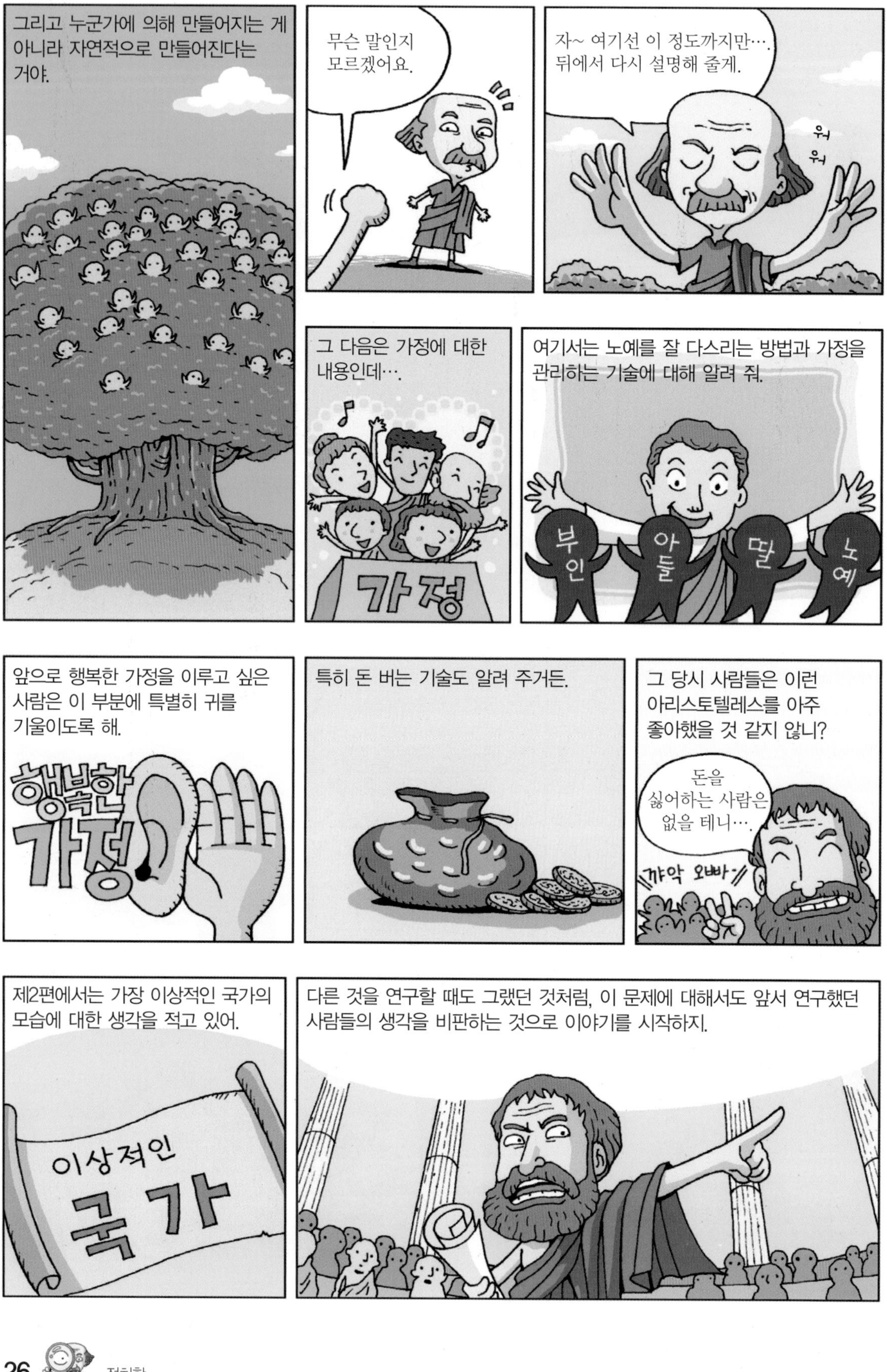
그리고 누군가에 의해 만들어지는 게 아니라 자연적으로 만들어진다는 거야.
무슨 말인지 모르겠어요.
자~ 여기선 이 정도까지만….
뒤에서 다시 설명해 줄게.
워 워
그 다음은 가정에 대한 내용인데….
가정
여기서는 노예를 잘 다스리는 방법과 가정을 관리하는 기술에 대해 알려 줘.
부인
아들
딸
노예
앞으로 행복한 가정을 이루고 싶은 사람은 이 부분에 특별히 귀를 기울이도록 해.
행복한 가정
특히 돈 버는 기술도 알려 주거든.
그 당시 사람들은 이런 아리스토텔레스를 아주 좋아했을 것 같지 않니?
돈을 싫어하는 사람은 없을 테니….
꺄악 오빠~
제2편에서는 가장 이상적인 국가의 모습에 대한 생각을 적고 있어.
이상적인 국가
다른 것을 연구할 때도 그랬던 것처럼, 이 문제에 대해서도 앞서 연구했던 사람들의 생각을 비판하는 것으로 이야기를 시작하지.

그의 스승이었던 플라톤도 예외가 아니었어.
아마 플라톤이 살아 있었다면 버릇없다고 생각했을지도 모를 거야.
왜 뒤통수가 따갑지?
찌릿~
괘씸한..
그리고 사람들이 이해하기 쉽게 당시 국가들 중에서 자신의 생각과 가장 일치하는 이상적인 국가를 찾아서 소개했어.
흣
뽑히지 못한 도시 국가들은 기분이 나빴겠지!
제3편과 4편에서는 크게 두 가지 주제를 다뤘어.
하나는 시민에 대한 내용이고, 다른 하나는 정치 제도의 종류에 대한 내용이야.
시민
정치 제도
먼저 아리스토텔레스는 시민의 자격에 대해 설명했어.
시민이 되려면?
시민
그의 말에 따르면, 진정한 시민이 되기 위해서는 꽤 많은 것들을 갖춰야 해.
갖춰야 할 목록
그럼 어떤 자격을 갖춰야 할까?
스윽
만약 내가 그때 태어났다면 진정한 시민이 될 수 있었을까?
정답은 제10장에서 확인하도록 ….
또 아리스토텔레스는 정치 제도에 대해서도 설명했어. 각각 어떤 특징과 장단점이 있는지를 자세히 설명했지.
빈민 정치
과두 정치
군주 정치
지금은 잘 이해되지 않지?
차차 알게 되겠지~!

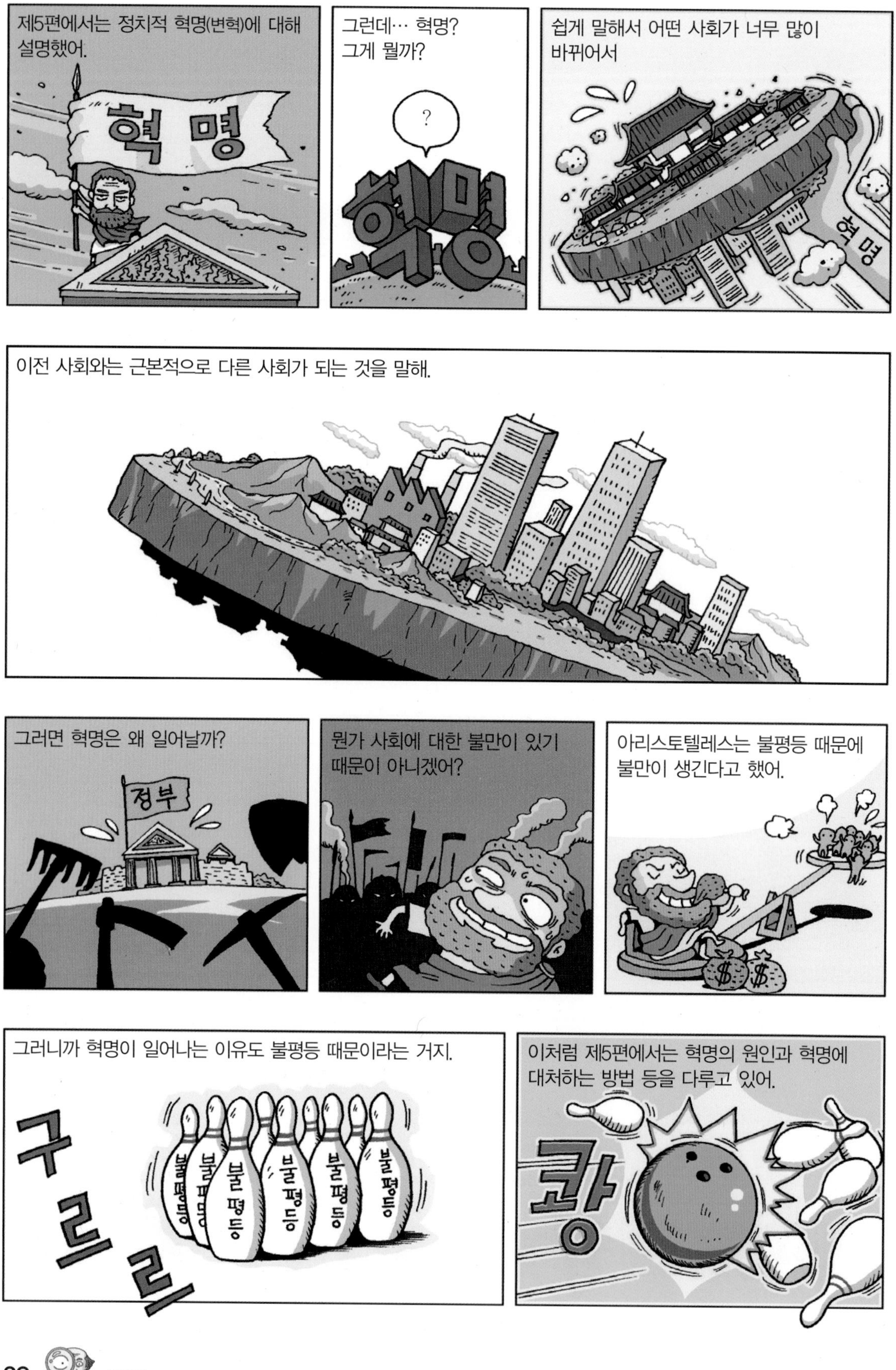
제5편에서는 정치적 혁명(변혁)에 대해 설명했어.
혁명
그런데… 혁명? 그게 뭘까?
?
혁명
쉽게 말해서 어떤 사회가 너무 많이 바뀌어서
혁명
이전 사회와는 근본적으로 다른 사회가 되는 것을 말해.
그러면 혁명은 왜 일어날까?
정부
뭔가 사회에 대한 불만이 있기 때문이 아니겠어?
아리스토텔레스는 불평등 때문에 불만이 생긴다고 했어.
그러니까 혁명이 일어나는 이유도 불평등 때문이라는 거지.
구르르
불평등
불평등
불평등
불평등
이처럼 제5편에서는 혁명의 원인과 혁명에 대처하는 방법 등을 다루고 있어.
쾅

제6편에서는 빈민 정치와 과두 정치에 대해 설명하고 있지.
빈 민
과 두
두 정치 체제를 비교하면서 차이점이 뭔지 보여 준단다.
뜨겁다.
차갑다.
HOT
ICE
그리고 군대의 종류에 대해서도 설명했어.
한 나라를 지키기 위해서는 당연히 힘센 군대가 필요하겠지?
그렇지만 힘센 군대만으로는 정치 체제를 유지할 수 없어. 직접 나라를 위해 일할 사람도 필요한 거야.
6대 국회의원
요즘 말하는 공무원들이 바로 그런 사람들이지.
국토해양부
외교통상부
행정안전부
여성가족부
아리스토텔레스는 여기에서 공무원들의 부류에 대해서도 친절하게 설명하고 있어.

제7편에서는 최선의 국가가 무엇인지에 대해 말하고 있어.
가장 이상적이고 완전한 국가의 모습이 어떠해야 하는지 알려 주는 셈이지.
이상 국가
완전한 국가
완전한 국가를 이루기 위해 필요한 것은 뭘까? 물론 한두 가지가 아니야.
화려한 트리처럼 아주 많은 것들이 필요해.
국가
마지막으로 제8편에서는 교육에 대해 설명하고 있어.
교육
탁
교육
이상적인 국가를 이끌어 가기 위해서는 훌륭한 인재가 있어야 한다는 거야.
그래서 교육이 아주 중요하다는 거지.
교육

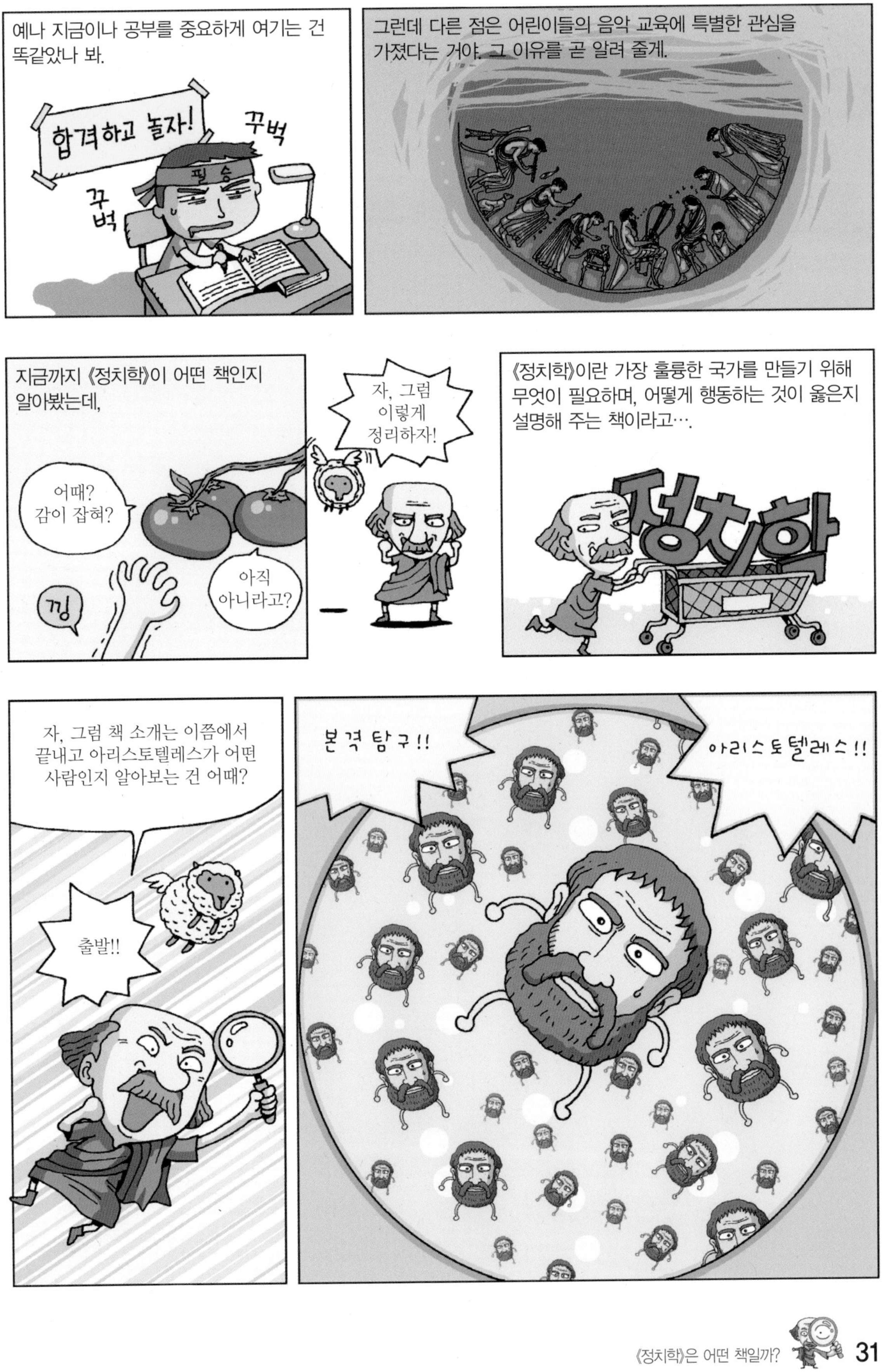
예나 지금이나 공부를 중요하게 여기는 건 똑같았나 봐.
합격하고 놀자!
꾸벅
필승
꾸벅
그런데 다른 점은 어린이들의 음악 교육에 특별한 관심을 가졌다는 거야. 그 이유를 곧 알려 줄게.
지금까지 《정치학》이 어떤 책인지 알아봤는데,
어때? 감이 잡혀?
낑
아직 아니라고?
자, 그럼 이렇게 정리하자!
《정치학》이란 가장 훌륭한 국가를 만들기 위해 무엇이 필요하며, 어떻게 행동하는 것이 옳은지 설명해 주는 책이라고….
정치학
자, 그럼 책 소개는 이쯤에서 끝내고 아리스토텔레스가 어떤 사람인지 알아보는 건 어때?
출발!!
본격 탐구!!
아리스토텔레스!!

서양 문명의 기초가 된 그리스 문명

그리스에 최초로 인간이 거주하기 시작한 것은 구석기 시대(기원전 약 12만 년~1만 년 경)부터이지만, 본격적으로 문명이 번성했던 것은 신석기 시대(기원전 약 1만 년) 이후랍니다. 그러니까 실제 그리스의 역사도 기원전 7000년까지 거슬러올라갈 수있는 거지요. 그리스 본토 사람들은 이 시기에 꽃핀 에게 문명을 받아들여, 미케네를 중 심으로 미케네 문명을 이루었어요. 이후 미케네 문명이 쇠퇴하고 200여 년간 암흑기를거친 뒤 기원전 9~8세기에 사회 · 경제적으로 급격한 변화를 겪게 되지요. 이때 공동체적인 성격을 가진 도시 국가가 나타나기 시작했는데, 이것이 그리스 문명의 시작인 셈이었어요.

이후 그리스 문명은 발전을 거듭하여 기원전 5~4세기경에 황금기를 맞이하게 된답니다. 이때 그리스에는 수백 개의 도시 국가가 있었는데, 그중 가장 대표적인 나라가 아테네와 스파르타였지요. 먼저 그리스의 주도권을 장악한 나라는 아테네였어요. 하지만 아테네가 번영할수록 스파르타의 견제는 심해졌고, 결국 두 국가의 전쟁은 피할 수 없게 되지요. 이것이 그 유명한 펠로폰네소스 전쟁이에요. 30년에 걸친 전쟁에서 스파르

타가 승리하고 그리스의 패권은 스파르타에게로 넘어가지요. 하지만 스파르타도 상처뿐인 영광이었어요. 두 나라가 전쟁에 여념이 없는 동안, 꾸준하게 힘을 기른 테베가 스파르타를 꺾고 그리스의 패권을 차지하거든요. 하지만 그것도 오래가지 못했어요. 테베는 패권을 차지한 지 10년도 되지 않아 아테네-스파르

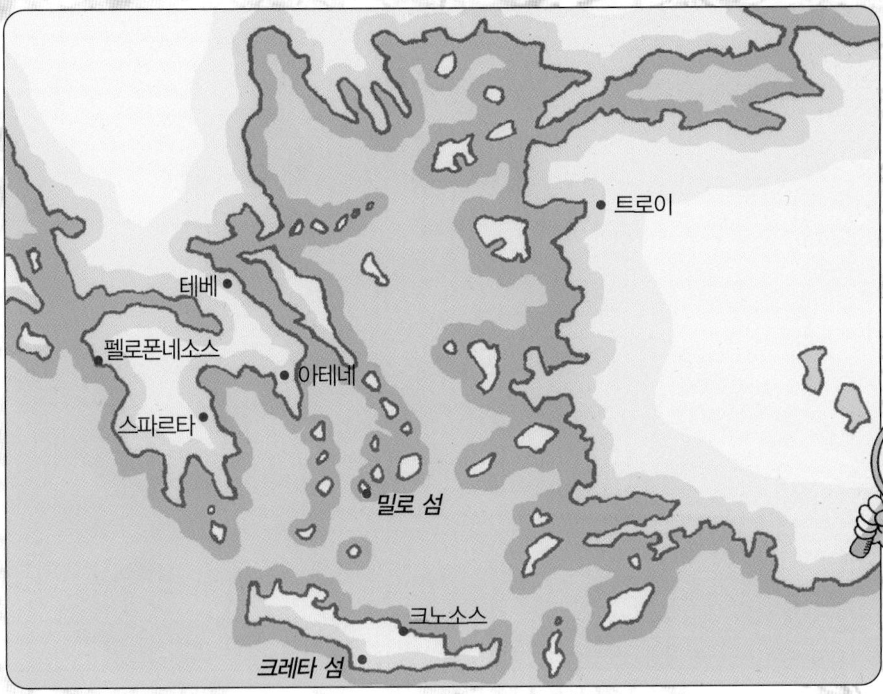

◀
고대 그리스 지도
(기원전 4세기경)

타 연합군의 공격을 받게 됩니다. 몇 년 전까지만 해도 서로 잡아먹지 못해 으르렁대던 두 나라가 '테베' 라는 공동의 적을 물리치기 위해 손을 잡았다? 이게 바로 냉혹한 국제 정치 아닐까요? 어쨌든 테베는 아테네-스파르타 연합군에게 패하고 맙니다. 이제 그리스에는 절대 강자가 존재하지 않게 되지요.

세 도시 국가의 대립으로 그리스는 권력 공백의 상태에 빠지고, 민주정도 쇠퇴하게 된답니다. 이때를 놓치지 않고 마케도니아의 왕, 필리포스는 군사력을 키워 그리스 원정에 나서지요. 그리고 카이로네이아에서 그리스 연합군을 완파한 뒤 그리스의 패권을 차지하게 됩니다. 그 뒤를 이은 알렉산드로스 대왕은 아프리카와 아시아 국가까지 영토를 넓히는 등 활발한 정복 활동으로 그리스 전성기를 이끌어 내지요. 하지만 알렉산드로스가 죽은 뒤 고대 그리스 제국은 로마의 정복으로 종말을 맞이하고 맙니다. 그리고 찬란했던 그리스 문명도 로마제국으로 흡수되고 맙니다.

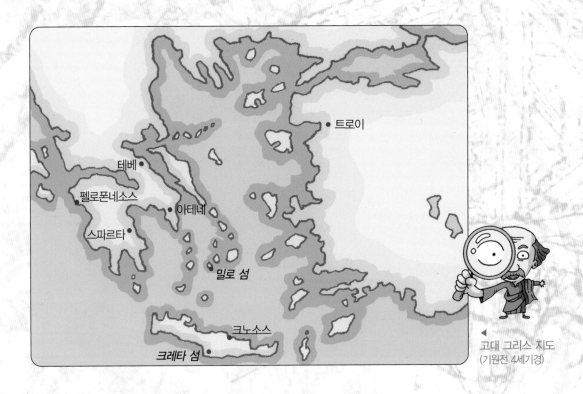

제2장 아리스토텔레스는 누구인가?

그리스 시대에는 유명한
철학자들이 여럿 활동했어.

그중에 가장 많이 알려진
사람을 세 명만 뽑으라면?

글쎄… 나라면 소크라테스, 플라톤,
아리스토텔레스를 뽑겠어.
아리스토텔레스
소크라테스
플라톤

왜 이 사람들이냐고? 이 세 사람은
서로 특별한 관계거든.

어떤 관계일까? 무척 궁금하지?

짠~ 모두 스승과 제자 사이였단다.
스승의 은혜
감사합니다.

놀랍지 않니? 우리가 가장 잘 아는 그리스 철학자 세 사람이 모두 스승과 제자 사이라는 사실이….
난, 알고 있었는데..
그럼 이 중에서 누가 가장 나이가 많을까?
바로 소크라테스야.
난 기원전 469년에 태어났어.
그 다음은 플라톤
난 기원전 428년에 태어났으니, 스승님이 41세 더 많으신 거지.
그리고 아리스토텔레스
플라톤 스승님이 44세 되던 해에 내가 태어났어.
그러니까 소크라테스 스승님과 내 나이를 비교한다면 85세 차이가 나는 거지.
파닥
파닥
소크라테스는 생전에 책을 낸 적이 없어.
너 자신을 알라!
오~
그가 죽은 뒤 제자였던 플라톤이 발간한 것들이 대부분이야.
너 자신을 알라.
소크라테
이것만 봐도 소크라테스가 플라톤을 얼마나 아꼈는지 알 수 있지.
기특해!
반면에 짐작하듯이, 소크라테스와 아리스토텔레스는 직접 만나거나 가르치고 배운 적이 없어.
혹시…?
누구신지…?
덥석
왜냐하면 소크라테스가 세상을 떠난 지 15년이 지나서 아리스토텔레스가 태어났거든.
응애~ 응애~

하지만 소크라테스의 사상만은 플라톤을 통해
아리스토텔레스에게 전해지지.
나의 스승님이 말씀하시길….
그래서 아리스토텔레스는 소크라테스의 사상에도
많은 영향을 받았어.
어느 날 플라톤이 제자들에게 소크라테스의 최후를
기록한 《파이돈(Phaidon)》을 읽어 주고 있었는데
제자들이 하나둘씩 빠져나가고 아리스토텔레스만 남아
끝까지 들었다고 해.
물론 꾸민 얘긴지도 모르지만….
이 얘기는 그 당시 아리스토텔레스가 소크라테스의
학설에 얼마나 깊이 빠져 있었는지 증명해 주는
것이라고 할 수 있어.
증명
그런데 흥미로운 일이 하나 있어.
뭔데?
소크라테스, 플라톤, 아리스토텔레스가
한자리에 모인 적이 있거든.
미안~ 좀 늦었지.
10분 지각!
그게 어떻게 가능해?
물론 상식적으로는 불가능하지.
하지만 그걸 가능하게 한 사람이
있어.
마술사 카퍼필드?
아니거든~.

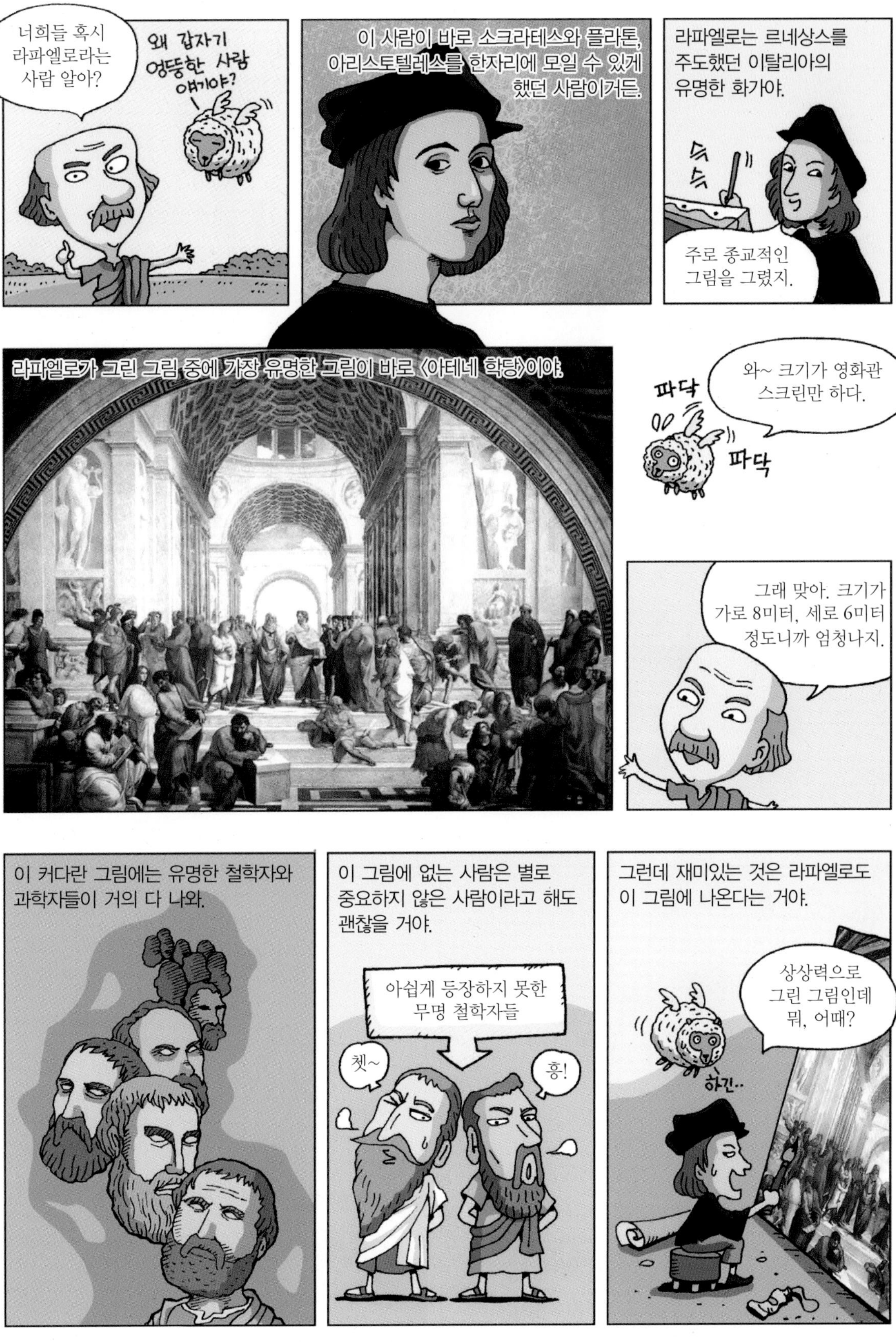
너희들 혹시 라파엘로라는 사람 알아?
왜 갑자기 엉뚱한 사람 얘기야?
이 사람이 바로 소크라테스와 플라톤, 아리스토텔레스를 한자리에 모일 수 있게 했던 사람이거든.
라파엘로는 르네상스를 주도했던 이탈리아의 유명한 화가야.
슥슥
주로 종교적인 그림을 그렸지.
라파엘로가 그린 그림 중에 가장 유명한 그림이 바로 〈아테네 학당〉이야.
파닥
와~ 크기가 영화관 스크린만 하다.
파닥
그래 맞아. 크기가 가로 8미터, 세로 6미터 정도니까 엄청나지.
이 커다란 그림에는 유명한 철학자와 과학자들이 거의 다 나와.
이 그림에 없는 사람은 별로 중요하지 않은 사람이라고 해도 괜찮을 거야.
아쉽게 등장하지 못한 무명 철학자들
췟~
흥!
그런데 재미있는 것은 라파엘로도 이 그림에 나온다는 거야.
상상력으로 그린 그림인데 뭐, 어때?
하긴..

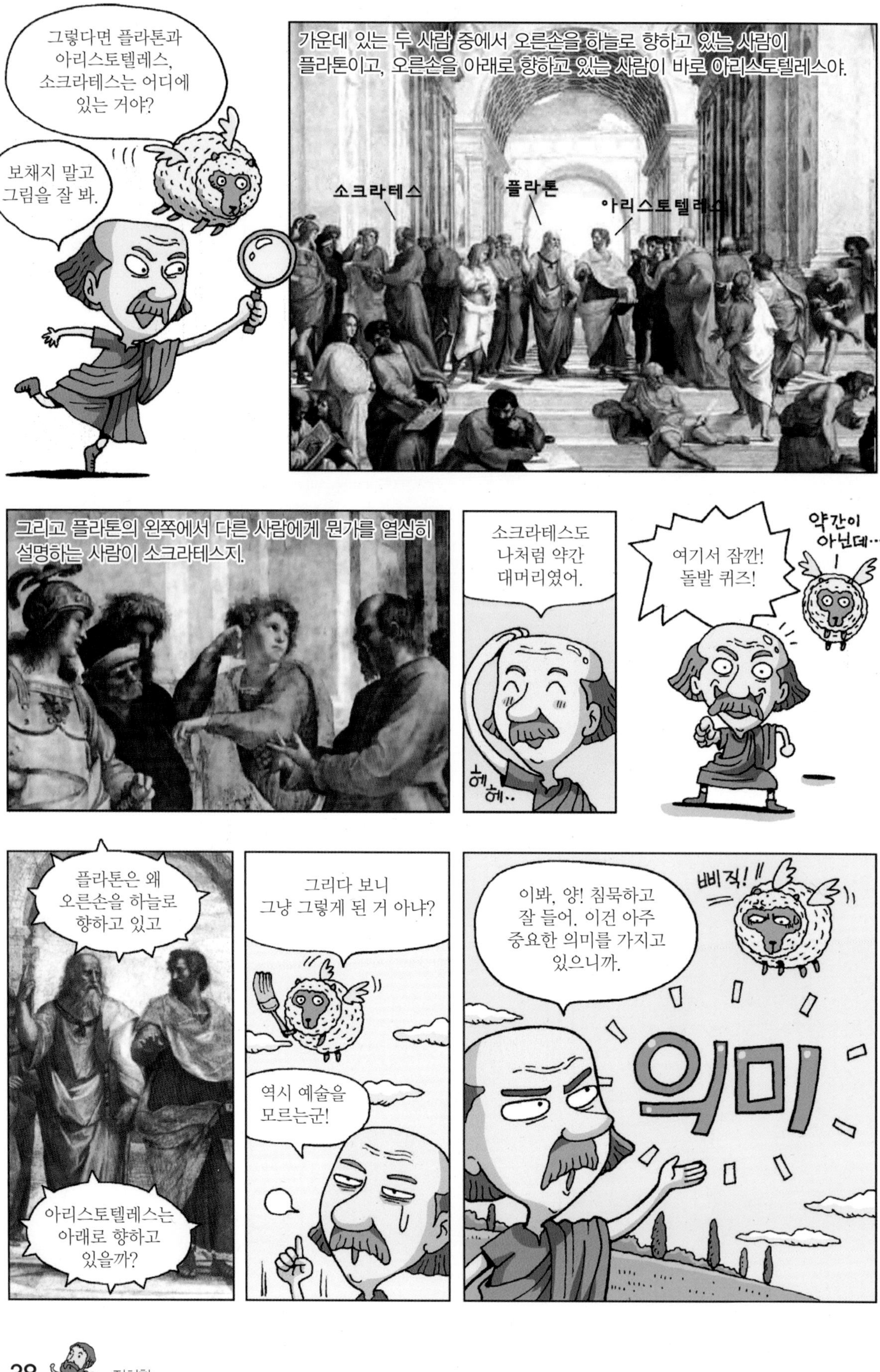

그렇다면 플라톤과 아리스토텔레스, 소크라테스는 어디에 있는 거야?
보채지 말고 그림을 잘 봐.
가운데 있는 두 사람 중에서 오른손을 하늘로 향하고 있는 사람이 플라톤이고, 오른손을 아래로 향하고 있는 사람이 바로 아리스토텔레스야.
소크라테스
플라톤
아리스토텔레스
그리고 플라톤의 왼쪽에서 다른 사람에게 뭔가를 열심히 설명하는 사람이 소크라테스지.
소크라테스도 나처럼 약간 대머리였어.
헤헤..
여기서 잠깐! 돌발 퀴즈!
약간이 아닌데…?
플라톤은 왜 오른손을 하늘로 향하고 있고
아리스토텔레스는 아래로 향하고 있을까?
그리다 보니 그냥 그렇게 된 거 아냐?
역시 예술을 모르는군!
이봐, 양! 침묵하고 잘 들어. 이건 아주 중요한 의미를 가지고 있으니까.
삐질!
의미

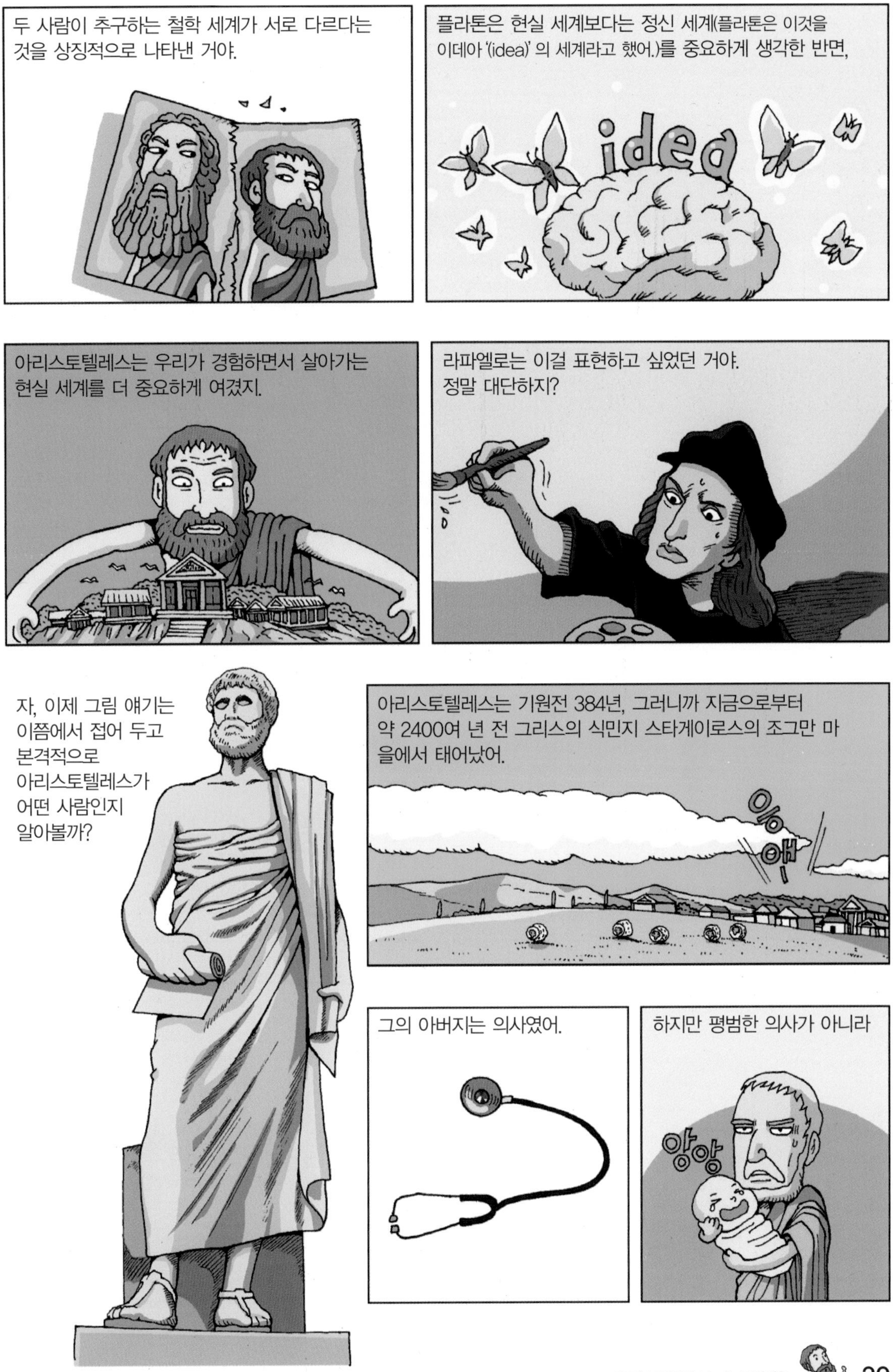
두 사람이 추구하는 철학 세계가 서로 다르다는 것을 상징적으로 나타낸 거야.
플라톤은 현실 세계보다는 정신 세계(플라톤은 이것을 이데아 '(idea)' 의 세계라고 했어.)를 중요하게 생각한 반면,
idea
아리스토텔레스는 우리가 경험하면서 살아가는 현실 세계를 더 중요하게 여겼지.
라파엘로는 이걸 표현하고 싶었던 거야. 정말 대단하지?
자, 이제 그림 얘기는 이쯤에서 접어 두고 본격적으로 아리스토텔레스가 어떤 사람인지 알아볼까?
아리스토텔레스는 기원전 384년, 그러니까 지금으로부터 약 2400여 년 전 그리스의 식민지 스타게이로스의 조그만 마을에서 태어났어.
응애
그의 아버지는 의사였어.
하지만 평범한 의사가 아니라
앙앙

왕의 의사였지.
폐하, 간이
안 좋습니다.
우리나라 식으로 말하면
어의인 셈이지.
《동의보감》을 쓴 허준이 어의 출신이라
는 사실은 다 알지?
동의보감
그럼 어떤 왕의 의사였을까?
알렉산드로스 대왕 알지?
그렇다고 알렉산드로스 대왕의
의사였다는 얘긴 아니고,
바로 그의 할아버지
아민타스 3세의
주치의였어.
어려서부터 아버지의 모습을 보고
자라서인지,
아리스토텔레스는 의학에도 관심을 가졌다고 해.
그렇다고 사람을 직접 치료하지는
않았어.
아….
그러니까 의사는
아닌 셈이지.
아리스토텔레스는 어린 시절을 안락한 궁전에서
풍족하게 보냈던 것 같아.

하지만 궁전 생활이 별로 만족스럽지 못했나 봐.
왕자들과의 궁전 생활에
혐오감을 나타냈다는 기록이 있는 걸 보면….
기록에 따르면, 아리스토텔레스가 어렸을 때 아버지가 돌아가셨다고 해.
아버지가 죽자 아버지의 친척인 프록세노스라는 사람이 후견인이 되어 아리스토텔레스를 보살폈어.
아리스토텔레스는 처음엔 그가 태어난 트라키아에서 학교를 다녔어.
하지만 아리스토텔레스가 워낙 뛰어나고 총명했기 때문에
반짝
반짝
그곳에는 그의 호기심을 만족시켜 줄 만한 학교가 없었지.
그래서 아테네로 유학을 떠나기로 결심하게 돼.
당시 아테네에는 플라톤이 세운 '아카데메이아'가 있었어. 훌륭한 학교였지.

요즘 말로 설명하면 명문대학교쯤 된다고 생각하면 돼.
아리스토텔레스가 아카데메이아에 들어간 때가 기원전 367년.
축
입학
367
그러니까 아리스토텔레스가 17세가 되던 해야.
난, 그 나이에..
킥킥
만화
그런 명문학교를 고등학교 1학년 나이에 들어간 거니까 정말 대단하지?
똑똑하구나~!
아카데메이아에 입학한 아리스토텔레스는 스승이었던 플라톤이 죽은 뒤,
아카데메이아를 떠날 때까지 20년간 그곳에서 공부했어.
물론 아카데메이아에서도 다른 사람들보다 뛰어났던 것 같아.
짝 짝
짝 짝 짝
그때 별명이 뭔지 알아?
'아카데메이아의 예지' 였어. 좀 어려운 말이지?
銳智
해석하면 예지는 '날카로운 지혜' 란 뜻이야.
지혜
아리스토텔레스가 아카데메이아에 다니던 시절, 스승이었던 플라톤으로부터 많은 것을 배웠어.

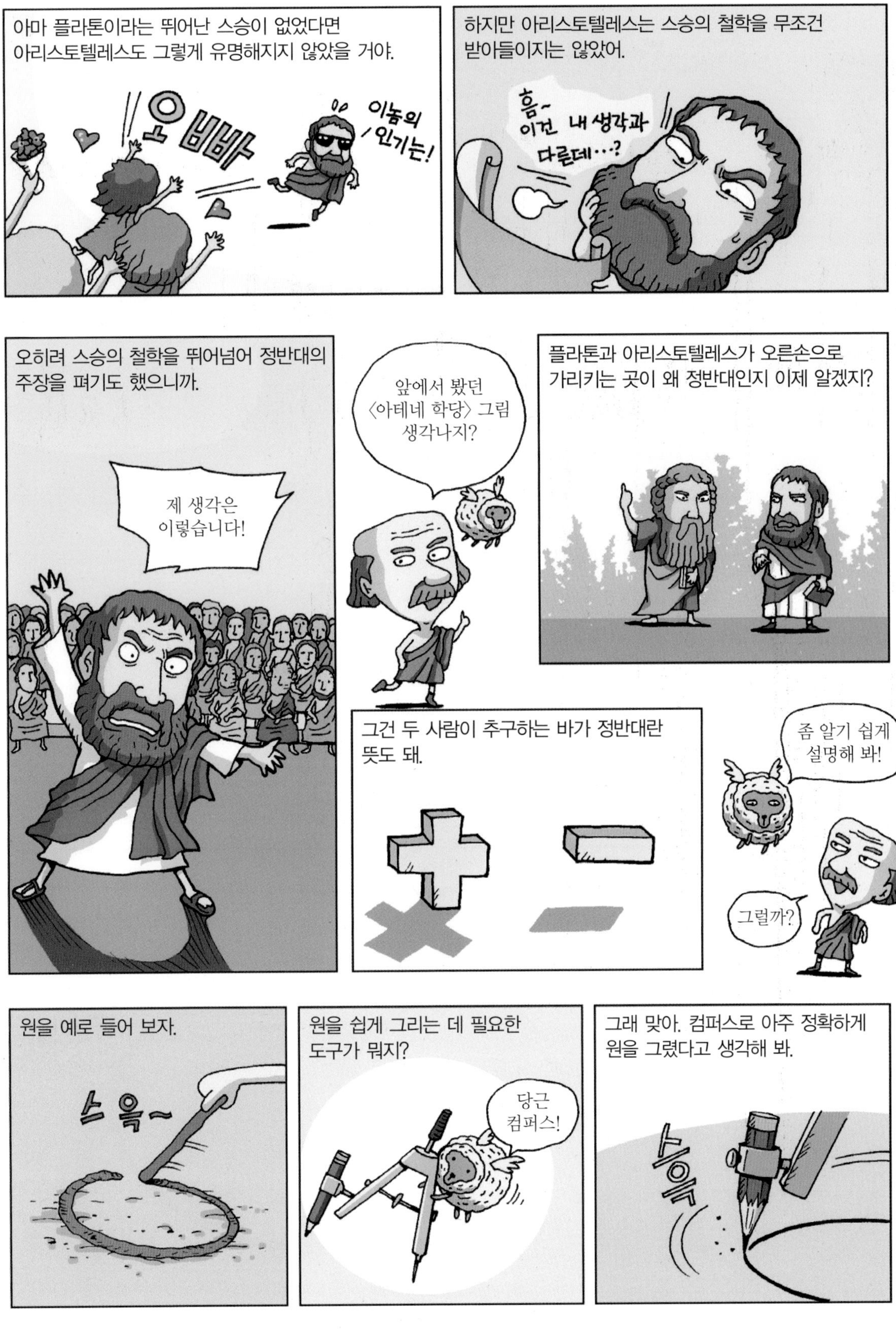

아마 플라톤이라는 뛰어난 스승이 없었다면 아리스토텔레스도 그렇게 유명해지지 않았을 거야.
오빠
이놈의 인기는!
하지만 아리스토텔레스는 스승의 철학을 무조건 받아들이지는 않았어.
흠~ 이건 내 생각과 다른데…?
오히려 스승의 철학을 뛰어넘어 정반대의 주장을 펴기도 했으니까.
제 생각은 이렇습니다!
앞에서 봤던 〈아테네 학당〉 그림 생각나지?
플라톤과 아리스토텔레스가 오른손으로 가리키는 곳이 왜 정반대인지 이제 알겠지?
그건 두 사람이 추구하는 바가 정반대란 뜻도 돼.
좀 알기 쉽게 설명해 봐!
그럴까?
원을 예로 들어 보자.
스윽~
원을 쉽게 그리는 데 필요한 도구가 뭐지?
당근 컴퍼스!
그래 맞아. 컴퍼스로 아주 정확하게 원을 그렸다고 생각해 봐.
스윽

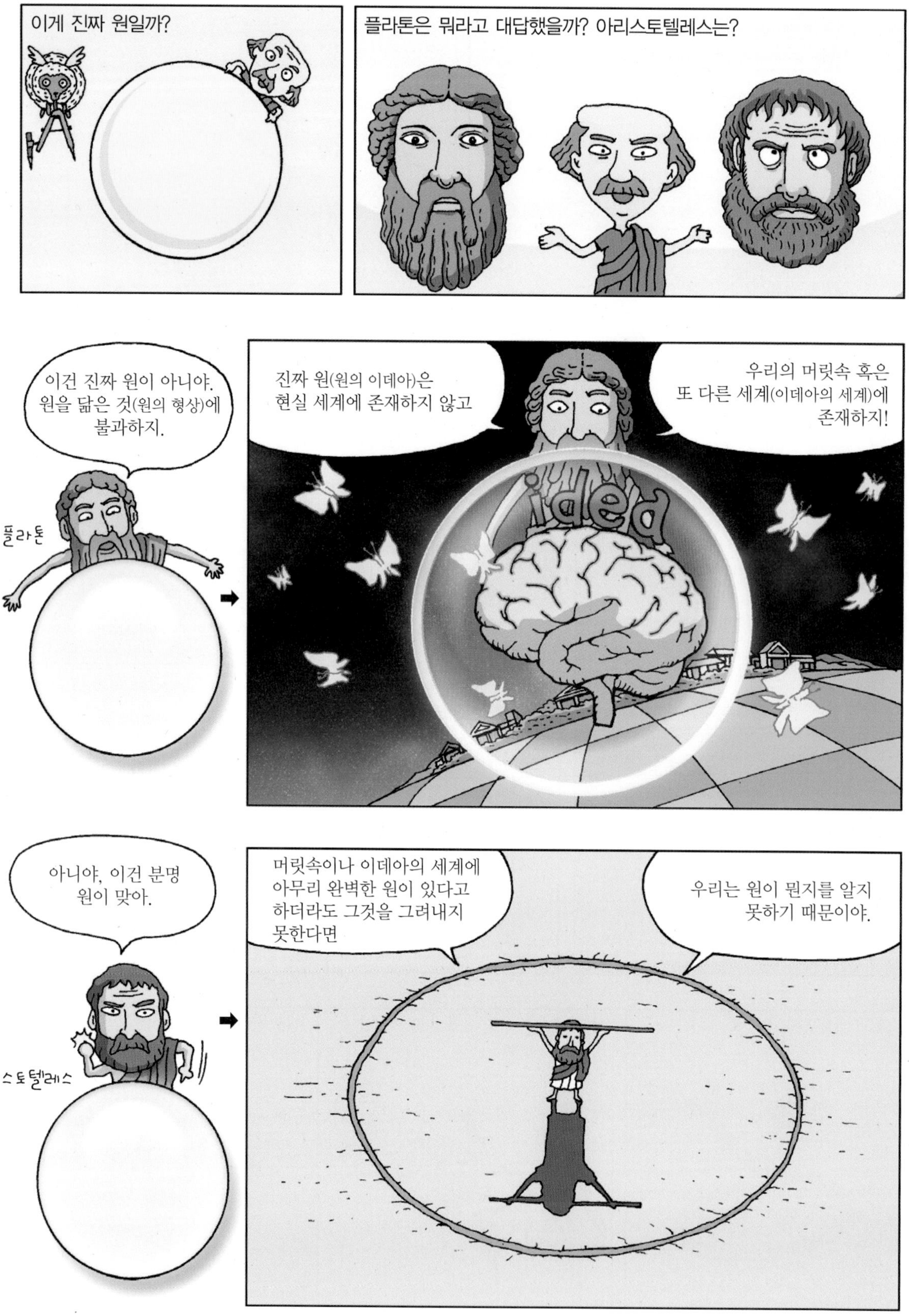
이게 진짜 원일까?
플라톤은 뭐라고 대답했을까? 아리스토텔레스는?
이건 진짜 원이 아니야. 원을 닮은 것(원의 형상)에 불과하지.
플라톤
진짜 원(원의 이데아)은 현실 세계에 존재하지 않고
우리의 머릿속 혹은 또 다른 세계(이데아의 세계)에 존재하지!
아니야, 이건 분명 원이 맞아.
아리스토텔레스
머릿속이나 이데아의 세계에 아무리 완벽한 원이 있다고 하더라도 그것을 그려내지 못한다면
우리는 원이 뭔지를 알지 못하기 때문이야.

이렇게 플라톤은 현실보다는 이데아, 아리스토텔레스는 이데아보다는 현실 세계에 뿌리를 둔 사상을 가졌지.
이 원은 뭐지?
훌라
훌라
재미있는 원이네~.
훌라
훌라
이제 두 사람의 차이를 알겠지?
아쭈~ 연구 좀 하셨네~.
자, 다시 본론으로 돌아가서
플라톤이 죽은 뒤에 아카데메이아에는 어떤 일이 일어났을까?
예상한 대로 후계 자리를 놓고 약간의 잡음이 일어나게 되지.
후계자는 나야!
치지직..
무슨 소리, 거긴 내 자리!
강력한 카리스마를 가지고 아카데메이아를 이끌던 지도자가 죽었으니 그럴 만도 하지 않겠어?
하지만 결국 아카데메이아는 플라톤의 조카인 스페우시포스가 맡아서 이끌어 가게 돼.
하하..
짝짝
짝 짝 짝
그리고 아리스토텔레스는 아카데메이아를 떠나지.

어떤 사람들은 아리스토텔레스가 아카데메이아를 떠난 이유는 우두머리가 되지 못한 불만 때문이라고 했어.
소곤 소곤
흥~ 나 없이 잘되나 보자!
하지만 그건 옳지 않아.
어째서?
왜냐하면 그 당시 아카데메이아의 우두머리는 아테네 인만 될 수 있었거든.
왱
왱
우갸갸~ 나도 아테네 인이야.
넌 빠져~.
알다시피 아리스토텔레스는 스타게이로스에서 태어났잖아.
주민등록증
아리스토텔레스
○○○○-○○○○
스타게이로스 출생
당연히 우두머리가 될 자격이 없었던 거지.
스윽
자격 미달!
아마도 그가 아카데메이아를 떠난 이유는 스페우시포스와 철학이 달랐기 때문일 거야.
아카데메이아를 떠난 아리스토텔레스는 앞에서 잠깐 소개했던 아타르네우스 지역의 통치자 헤르메이아스의 초청을 받았어.
살랑
초청장
살랑
아리스토텔레스는 자신의 친구 크세노크라테스와 함께 아타르네우스를 방문하게 돼.
아타르네우스
어서들 오시오.
우리 아타르네우스에 그리스 철학을 전파해 주시겠소?
물론입니다.

근데… 잠깐!
크세노크라테스는 누구지?
그는 아리스토텔레스와 친구이면서
강력한 라이벌이었어.
나중에 스페우시포스가 죽은
뒤에는
아카데메이아의 우두머리 자리에 오른
인물이기도 하지.
짝
짝짝
스승님
짱!
자, 그럼 다시
아리스토텔레스
얘기를 해 볼까?
아타르네우스에 도착한 아리스토텔레스는
헤르메이아스의 전폭적인 지지를 받으면서
뭐 필요한 거
없수?
변비약….
아카데메이아와 유사한 철학 공동체를 만들었어. 아카데메이아의
분원이라고 생각하면 돼.
그는 여기서 3년 동안 제자들을 모아
가르치면서 틈틈이 책도 쓰곤 했어.
《정치학》 제7권도 이때 쓰여진 것이라고 해.
이 얘기도 이미 앞에서 한번 했지?

아타르네우스에 있는 동안 아리스토텔레스는 헤르메이아스의 조카딸 피티아스와 결혼했어.
짝
짝
짝
하지만 피티아스와 오래도록 함께 살지는 못했어.
불행히도 피티아스가 젊은 나이에 죽거든.
피티아스가 죽고 난 뒤 아리스토텔레스는 헤르필리스를 새로운 아내로 맞이했어.
그녀와의 사이에서 난 아들이 바로 니코마코스야.
나중에 아리스토텔레스가 윤리학에 관한 책을 쓰게 되는데 그 책 제목이 뭔지 알아?
바로 《니코마코스 윤리학》이야.
니코마코스 윤리학
아마도 아리스토텔레스는 아들 니코마코스를 끔찍하게 사랑했나 봐.
아타르네우스에서 3년을 보낸 아리스토텔레스는 근처의 레스보스 섬으로 옮겨 가서
생물학 연구에 온 힘을 기울였어.
슥
슥

주로 갯벌에서 다양한 생물체들을 연구하며 시간을 보냈지.
아리스토텔레스가 철학뿐만 아니라 자연과학에도 관심이 많았다는 것을 나타내 주는 부분이야.
자연과학
레스보스 섬에서도 아리스토텔레스는 아타르네우스에서 그랬던 것처럼 철학 모임을 만들었어.
오늘 철학 모임 있음!
시간만 나면 제자들을 가르치고 토론하고 연구했어.
정말 대단하군~.
아리스토텔레스는 어디서 그런 열정이 나왔을까?
레스보스 섬에서 만난 제자들 중에 테오프라토스라는 사람이 있어.
그는 레스보스 섬에서 태어났어. 그래서 아리스토텔레스가 생물학 연구를 위해 자료를 수집하고 탐구하는 데 많은 도움을 주었던 것 같아.
소라는 암초에 살며, 해초를 먹고 살아요.
음..
맛은 어떨까?
나중에 아리스토텔레스의 제자 중에 가장 유명한 사람이 되거든.
말하자면 내 후계자인 셈이지!
아리스토텔레스가 죽은 뒤에 그가 운영하던 학원을 물려받고
학원을 부탁한다…. 꼴깍.

강의 노트까지 물려받은 걸 보면 두 사람 사이가 어땠는지 짐작이 가지?
스승님의 철학을 널리 전파하자.
레스보스 섬에서 생물학 연구에 몰두해 있던 아리스토텔레스에게 또 한 장의 초청장이 날아 왔어.
초청장
바로 그 유명한 알렉산드로스 대왕의 아버지 필리포스 2세에게서 온 거야.
앞에서 아리스토텔레스 가문과 알렉산드로스 왕가가 인연이 있었다고 얘기한 적 있지?
나, 아민타스 3세 기억나지?
아리스토텔레스의 아버지가 알렉산드로스 대왕의 할아버지인 아민타스 3세의 주치의였다고 했잖아.
아마도 그게 인연이 됐던 거 같아!
필리포스 2세는 당시 13세였던 아들의 훌륭한 가정 교사를 찾고 있었거든.
당시 아리스토텔레스는 명성이 대단했을 뿐더러
부모 세대 때부터 특별한 인연이 있었으니까 더 이상 망설일 필요가 없었지.
당장 아리스토텔레스를 초청하도록!
그때 아리스토텔레스의 나이가 42세였어.
폴짝
42

이때에 아리스토텔레스는 장래 통치자의 스승으로서 정치학에 특별히 많은 관심을 가졌던 것 같아.
아리스토텔레스는 알렉산드로스를 철학을 아는 진정한 영웅으로 만들려고 노력했어.
또한 그리스 인의 우수성에 대해서도 가르쳤지.
최고예요!
그리스 인
그 당시 아리스토텔레스는 그리스 인이 아닌 사람들을 야만인으로 취급했어.
야만인들!
크헉!
요즘 같아서는 말도 안 되는 인종차별적 생각이지.
피부색이 달라요!
하지만 그때는 그런 생각이 통했거든! 여자와 노예들도 사람으로 취급하지 않았으니까.
천박한 것들~
아리스토텔레스는 알렉산드로스에게 나중에 왕위에 오르면 그리스 인과 다른 사람들의 혼인을 허용하지 말라고 가르쳤어.
순수 그리스 혈통만 결혼할 수 있습니다.
?
하지만 알렉산드로스는 스승의 가르침을 잘 따르지 않았던 것 같아.
Z Z Z
페르시아 여자를 아내로 삼았거든.
더군다나 자신의 군대 내에서도 다른 종족과 결혼을 권장하는 정책을 실시한 걸 보면 알 수 있거든.
너희들도 나처럼 결혼해.

그뿐만이 아니야. 알렉산드로스는 스승의 가르침을 무시하고 통치 기간 내내 영토를 넓히는 정복 전쟁에만 몰두했지.
이런 걸 보면 3년간 알렉산드로스의 스승으로서 했던 역할이 그다지 성공적이었던 것 같지는 않아.
춥다.
휘이잉
어떤 사람은 알렉산드로스에게 대왕이라는 호칭까지 사용하면서 세계에서 두 번째로 큰 제국을 건설한 영웅이라고 치켜세우기도 해.
우리의 영웅!
만세!
하지만 꼭 그런 것만은 아니야.
대제국을 건설하기 위해 얼마나 많은 사람을 해쳤겠어?
그래서 '세계 최대의 살인자'라는 혹평을 하는 사람도 있다는 걸 알아야 해.
세계 최대!
살인자
뜨끔
촤라락
아리스토텔레스는 마케도니아를 떠나 고향 스타게이로스로 돌아가 제자들과 5년간 연구 활동을 했어.
테오프라토스야, 강의 노트 챙겨야지~.
넹~.
톡
그리고 기원전 335년, 그의 나이 50세가 되던 해에 다시 아테네로 돌아왔지.

그가 돌아왔을 때 스페우시포스가 죽고 아카데메이아의 우두머리 자리가 비어 있었어.
이 자리는 꼭 아테네 출신으로….
아카데메이아
그리고 앞에서 소개했던 옛 동료이자 라이벌이었던 크세노크라테스가 그 자리를 물려받았지.
미안하네, 친구~!
축하는 하네만, 썩 유쾌하진 않군….
당시 아카데메이아는 수학에 관심이 집중되고 있었어.
피타고라스의 십진법으로 봤을 때….
하지만 아리스토텔레스는 생물학 연구에 더 관심을 갖고 있었을 때였거든.
우린 생물학을 더 연구하자!
더군다나 크세노크라테스가 우두머리로 있는 학원에서 함께 일할 마음도 생기지 않았겠지.
여기서 더 이상 머무를 필요는 없겠어.
결국 아리스토텔레스는 아테네 외곽 지역에 새로운 학원을 세우게 돼. 그 이름이 바로 '리케이온' 이야.
리케이온
나는 여기서 12년간 제자들을 가르쳤지.
지금처럼 교실에 앉아서 가르치는 게 아니라 제자들과 함께 산책하거나 거닐면서 가르치는 방식이었지.
당시 리케이온에는 지붕이 덮인 기다란 산책로가 있었어. 그는 주로 거길 거닐며 가르쳤는데, 그 길을 '페리파토스' 라고 불렀어.

그래서 사람들은 아리스토텔레스와 그의 제자들에게 '소요학파' 라고 별명을 붙였지.
'거닐면서 공부하는 사람들' 이라는 뜻이야.
기원전 323년, 아리스토텔레스의 나이 62세 때 알렉산드로스가 죽자, 그리스에는 마케도니아를 미워하는 사람들이 생겨났어.
마케도니아
마케도니아 왕이었던 알렉산드로스가 그리스의 도시 국가들을 점령했다는 사실 때문이지.
이런 분위기는 아리스토텔레스를 아주 불안하게 만들었어.
하긴 그의 부모 세대 때부터 마케도니아와 친분이 있었잖아.
그래 맞아!
그리고 아리스토텔레스는 직접 알렉산드로스를 가르쳤던 스승이었고….
잘하셨습니다, 왕자님~!
이런 사실을 알고 있는 그리스 인들이 그를 가만둘 리 없잖아?
죄를 뒤집어씌우자!
소크라테스에게 그랬던 것처럼 아리스토텔레스에게도 불경죄를 뒤집어씌웠어.
신들에 대한 오만무례함.
불경죄
하지만 아리스토텔레스는 소크라테스처럼 순순히 죽음을 받아들이지는 않았지.
흥! 특별한 죄가 없으니까 불경죄를 씌우지!
쾅
결국 아테네를 떠나게 되지. 아니 탈출이라고 표현하는 게 더 맞을지도 몰라.
아테네

아리스토텔레스는 아테네를 떠나면서 이런 말을 남겼다고 해.
나는 아테네 인들에게 철학에 대해 두 번이나 죄를 짓게 하고 싶지 않아.
이 말은 소크라테스를 모함하여 죽인 것으로 이미 한 번의 죄를 지은 아테네 인들이
똑같은 실수를 되풀이하지 않기를 바란다는 뜻이야.
Replay
당당하고 자신감 넘치는 위대한 철학자의 모습을 확실하게 보여 준 거라고 생각해.
위풍당당
아테네를 떠난 아리스토텔레스는 에우보이아 섬에 있는 어머니의 땅 칼키스에 도착하지.
에게 해
에우보이아
칼키스
아테네
거기서 조류의 흐름을 연구하다가 기원전 322년, 그의 나이 63세에 전부터 앓아 왔던 위장병으로 위대한 생애를 마치게 돼.
자~ 지금까지 아리스토텔레스에 대해 알아봤어.
그는 한마디로 가장 위대한 철학자, 만물박사라고 할 수 있어.
다음 장에선 그가 남긴 수많은 책들 중 《정치학》의 내용을 살펴볼 거야.
정치학
가장 위대한 철학자가 남긴 《정치학》! 과연 어떤 내용일까?
기대 하시라~!

소요학파는 왜 걸으며 공부했던 것일까?

아리스토텔레스가 살던 시대의 그리스 아테네에는 플라톤이 세운 '아카데메이아'가 있었습니다. 아카데메이아는 당시 최고의 교육기관이었으며 오늘날 대학의 시초가 되었지요. 아리스토텔레스도 이곳에서 플라톤을 스승으로 모시고 20년간 공부를 했습니다. 하지만 플라톤과 근본적으로 다른 철학을 추구했던 아리스토텔레스는 자신의 사상과 철학을 마음 편히 연구하고 가르칠 학교가 필요했지요. 그래서 기원전 335년, 아테네 외곽에 있는 아폴론 리케이오스 신전 근처에 '리케이온'을 설립하게 된답니다. 리케이온이란 이름도 바로 이 신전 이름에서 따온 것이에요.

당시 그리스의 도시 국가들마다 각자 섬기는 신이 있었어요. 그중 아폴론 신이야말로 가장 많은 도시 국가들이 섬겼던 신이었어요. 아폴론 신은 영향력을 행사하는 분야에 따라 여러 가지 별칭으로 불리기도 했는데, 그중 하나가 바로 '리케이오스'였어요. 리케이오스란 한가하게 음악을 즐기면서 양떼들을 돌보는 목축의 신을 뜻했어요.

실제로 아리스토텔레스는 딱딱한 강의실에서보다는 한가하게 숲 속을 거닐면서 학생들을 가르쳤다고 합니다. 그래서 당시 리케이온의 학생들과 제자들을 '소요학파'라고 불렀지요.

그렇다면 왜 그들은 숲 속을 거닐면서 공부했을까요? 혹시 그렇게 하면 공부가 더 잘된다는 사실을 알고 있었던 걸까요? 실제로 걷기가 뇌에

미치는 영향은 많이 연구되어 왔답니다. 여러분도 일정한 거리를 걷고 나면 기분이 가뿐해지는 걸 종종 경험해 봤을 거예요. 이것은 걷기가 뇌에 각성효과를 주기 때문입니다. 아마 아리스토텔레스는 이러한 사실을 이미 알았던 것 같습니다. 왜냐하면 그는 철학뿐만 아니라 자연과학, 의학에도 깊은 관심을 가지고 있었기 때문이에요.

이러한 의학적인 지식을 모른다고 하더라도, 천천히 걷다 보면 바쁘게 지나치면서 보지 못했던 많은 것들을 볼 수 있답니다. 자연의 신비, 사람들의 미소, 사람들의 역동적인 모습 등……. 그래서 조용히 산책하며 사색하기를 즐길 줄 아는 사람은 누구나 철학자가 되는 것입니다.

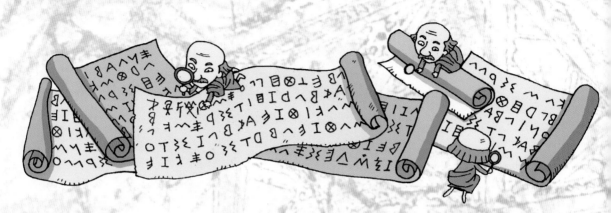

제3장 국가란 무엇인가?

국가

지금 이 지구상에 존재하는
국가 수는 몇 개나 될까?

정확히는 아니지만 230개
정도라고 해.
국 가
230

생각보다
많네?
그래. 그런데 혹시
국가의 뜻(정의)이
뭔지 고민해
본 적 있어?

머리 아프게 뭘 그런 걸 고민하냐고?
지끈..

그런데 아리스토텔레스는 바로
그것부터 고민했거든.
국가

아리스토텔레스는 이 당연한
질문에서 시작해 《정치학》을 써
나가기 시작했어.

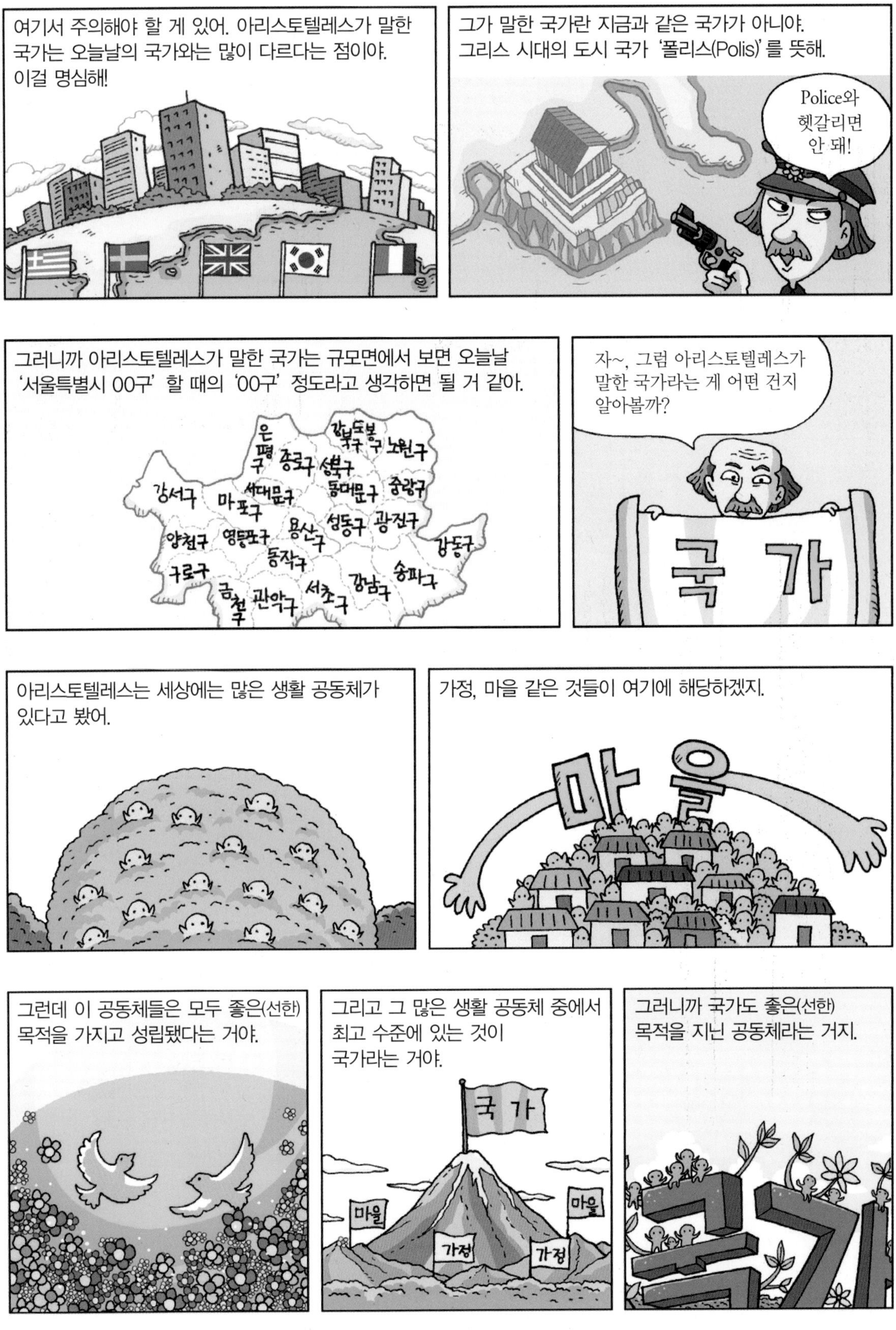
여기서 주의해야 할 게 있어. 아리스토텔레스가 말한 국가는 오늘날의 국가와는 많이 다르다는 점이야. 이걸 명심해!
그가 말한 국가란 지금과 같은 국가가 아니야. 그리스 시대의 도시 국가 '폴리스(Polis)'를 뜻해.
Police와 헷갈리면 안 돼!
그러니까 아리스토텔레스가 말한 국가는 규모면에서 보면 오늘날 '서울특별시 00구' 할 때의 '00구' 정도라고 생각하면 될 거 같아.
은평구
강북구
도봉구
노원구
종로구
성북구
서대문구
동대문구
중랑구
강서구
마포구
성동구
광진구
양천구
영등포구
용산구
강동구
동작구
구로구
송파구
강남구
서초구
관악구
금천구
자~, 그럼 아리스토텔레스가 말한 국가라는 게 어떤 건지 알아볼까?
국가
아리스토텔레스는 세상에는 많은 생활 공동체가 있다고 봤어.
가정, 마을 같은 것들이 여기에 해당하겠지.
마을
그런데 이 공동체들은 모두 좋은(선한) 목적을 가지고 성립됐다는 거야.
그리고 그 많은 생활 공동체 중에서 최고 수준에 있는 것이 국가라는 거야.
국가
마을
마을
가정
가정
그러니까 국가도 좋은(선한) 목적을 지닌 공동체라는 거지.
국가

물론 국가가 최고 수준의 공동체이기 때문에, 국가가 가지고 있는 목적도 다른 공동체들의 목적보다 최고로 선하다고 봤지.
국가
선행상
그러면 국가가 가지고 있는 최선의 목적은 뭘까?
최선
바로 자급자족하는 공동체라는 거야.
자급자족?
하기는 양이 사자성어를 이해하기는 힘들지. 쉽게 설명해 주마.
자급자족이란 다른 공동체나 외부의 도움 없이 스스로 모든 문제를 해결하면서 공동체를 유지해 나간다는 뜻이야.
문제
문제
문제
문제
문제
문제
문제
공동체
먹고사는 문제뿐만 아니라
좀 질기군…
쩝
쩝
양고기
공동체 유지에 필요한 모든 문제를 스스로 해결한다는 뜻이지.
쉽게 말하면 국가란 한마디로 완벽한 공동체란 뜻이야.
퍼펙트
10
10
10
10

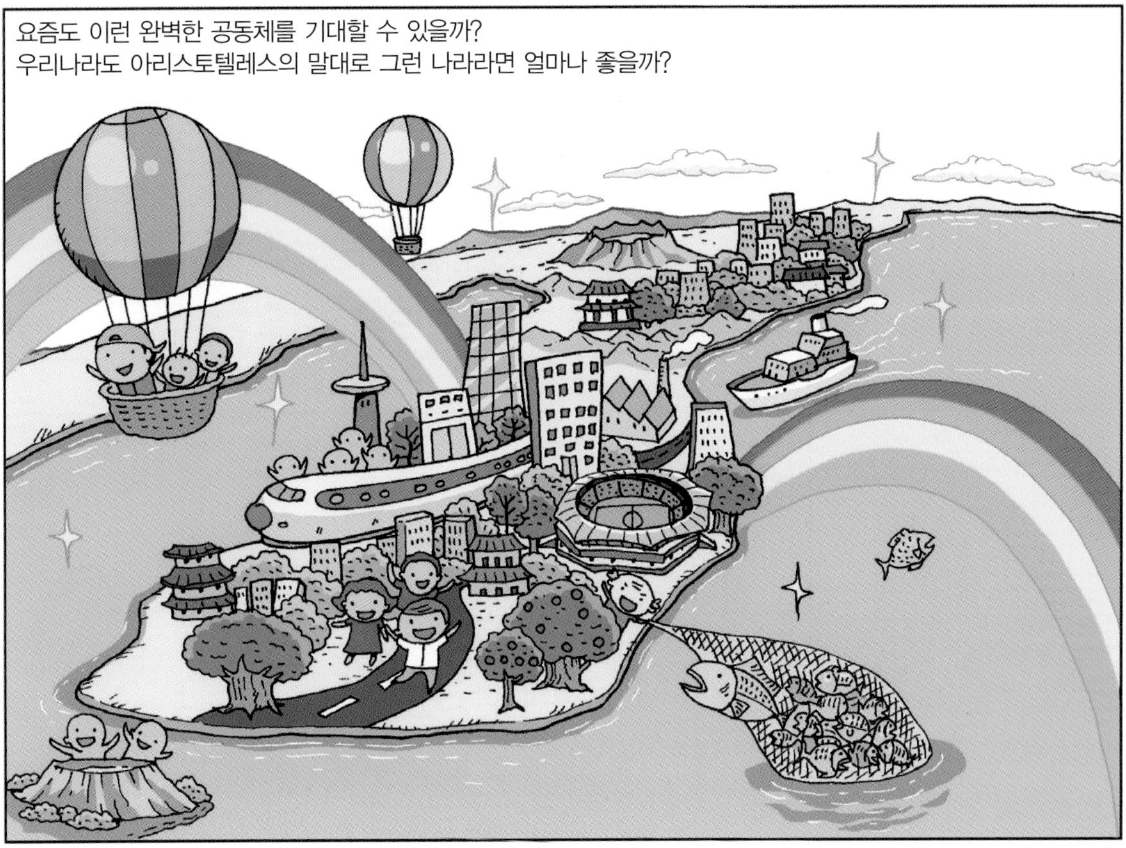
요즘도 이런 완벽한 공동체를 기대할 수 있을까?
우리나라도 아리스토텔레스의 말대로 그런 나라라면 얼마나 좋을까?

하지만 지금은 아리스토텔레스가 살았던 도시 국가보다 국가의 규모가 상상할 수 없을 만큼 커져서 그런 걸 기대하기는 어려워.
너무 커졌어~
후욱~
국가

하지만 정치가들이 최선을 다해 노력한다면 불가능한 일도 아니지.
발로 뛰는 정치를 하겠습니다.
국회의원 선거

그러니까 요즘은 훌륭한 정치가를 뽑는 게 무엇보다 중요해.
정말 발로 뛰겠습니다.
분하다!
당선

나중에 선거권을 갖게 되면 지금 공부한 대로 신중하게 선택해야 해. 알았지?
투표함

얘기가 잠깐 다른 길로 새 버렸군!
자! 다시 원래 얘기로….

아리스토텔레스가 말하는 국가란 다른 어떤 공동체보다 최고 수준의 완벽한 공동체라고 했지?
그렇다면 이러한 국가는 맨 처음 어떻게 생겨나게 됐을까?
처음부터 있었을까?
누가 만들었을까?
국가
우선 이 문제에 대한 답을 찾으려면 먼저 고민해야 할 게 있어.
그건 바로 인간에 대한 거야.
구체적으로 말할까? 아리스토텔레스가 인간에 대해 어떤 생각을 갖고 있었는지 먼저 알아봐야 해.
인간
아리스토텔레스가 남긴 말 중에서 우리가 많이 알고 있는 말이 있어.
"인간은 사회적 동물이다."
하지만 '정치적 동물'이라는 표현이 보다 정확한 의미를 가지기 때문에 여기선 '인간은 정치적 동물이다.'라는 말로 사용할 거야.
"인간은 정치적 동물이다."
'인간은 정치적 동물이다.'는 말은 무슨 뜻일까?
정치적?
아리스토텔레스는 세상의 모든 것들은 다 목적을 가지고 있다고 봤어.
목적
그렇다면 인간도 어떤 목적을 가지고 태어났겠지?
목적

그것은 바로 공동체적인 삶을 살아가는 것이야.
쉽게 말하면 인간은 공동체를 떠나 살 수 없도록 태어날 때부터 정해졌다는 거야.
공동체
그게 바로 인간의 운명이라는 거지.
공동체 운명
예를 들면 사과씨 속에는 사과나무가 되려는 목적이 이미 들어 있듯이
인간은 태어날 때부터 공동체를 떠나 살 수 없도록 되어 있다는 거야.
공동체
그럼 왜 '인간은 공동체적 동물이다.' 라고 하지 않고 '인간은 정치적 동물이다.' 라고 말했을까?
공동체적
정치적
아리스토텔레스의 주장대로라면 '인간은 공동체적 동물이다.' 도 맞을 텐데.
인간은 공동체적 동물이오~!
물론 맞는 말이야. 어떻게 된 거냐 하면 말이지.
'인간은 정치적 동물이다.' 에서 '정치적' 이라는 말을 영어로 'Politic' 이라고 해.
정치적 → Politic
이 단어의 어원은 'Polis' 야. 'Polis' 는 고대 그리스의 도시 국가 '폴리스' 를 가리키지.
Polis
↓
폴리스

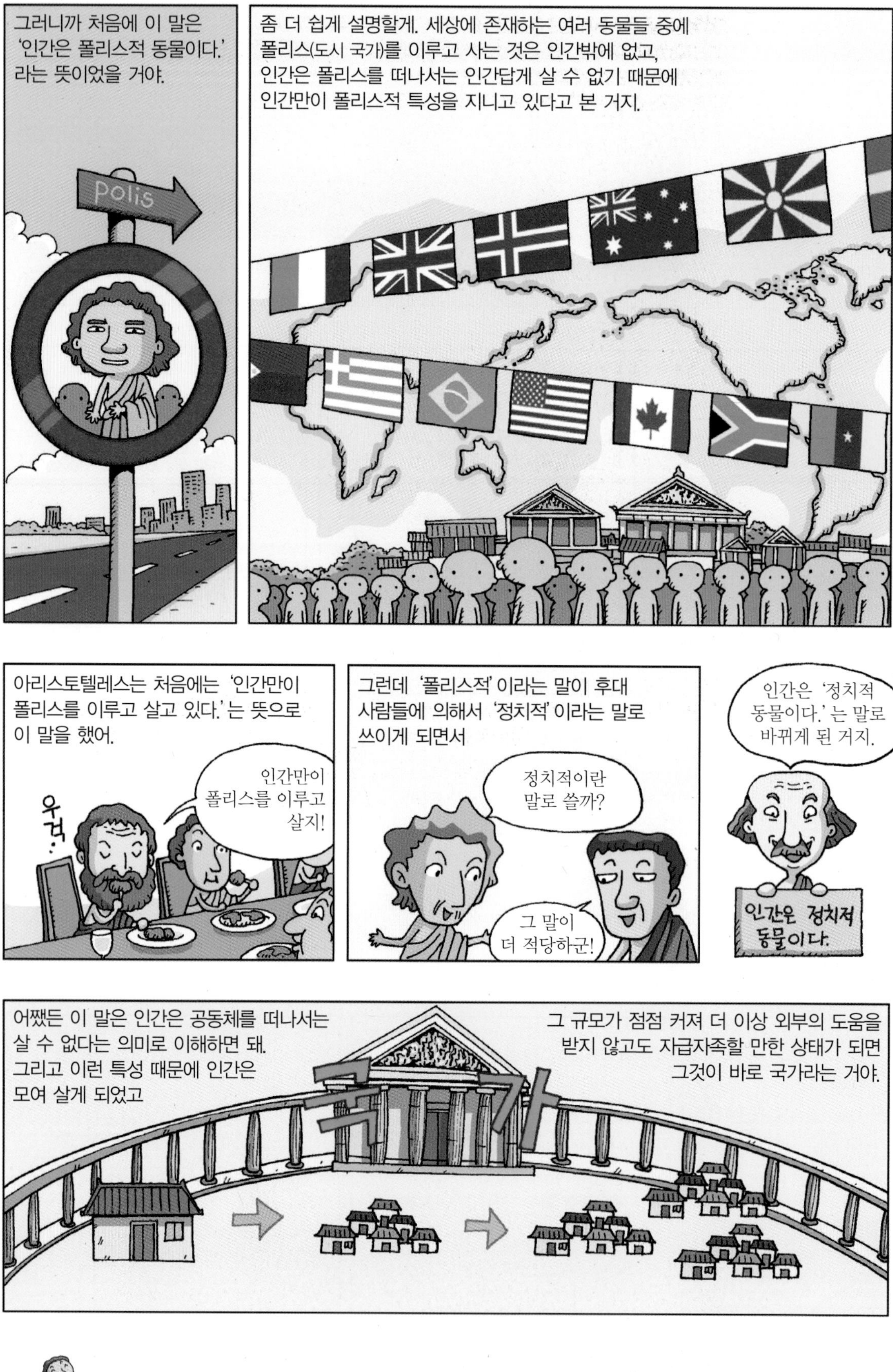
그러니까 처음에 이 말은 '인간은 폴리스적 동물이다.' 라는 뜻이었을 거야.
Polis
좀 더 쉽게 설명할게. 세상에 존재하는 여러 동물들 중에 폴리스(도시 국가)를 이루고 사는 것은 인간밖에 없고, 인간은 폴리스를 떠나서는 인간답게 살 수 없기 때문에 인간만이 폴리스적 특성을 지니고 있다고 본 거지.
아리스토텔레스는 처음에는 '인간만이 폴리스를 이루고 살고 있다.'는 뜻으로 이 말을 했어.
우걱
인간만이 폴리스를 이루고 살지!
그런데 '폴리스적'이라는 말이 후대 사람들에 의해서 '정치적'이라는 말로 쓰이게 되면서
정치적이란 말로 쓸까?
그 말이 더 적당하군!
인간은 '정치적 동물이다.'는 말로 바뀌게 된 거지.
인간은 정치적 동물이다.
어쨌든 이 말은 인간은 공동체를 떠나서는 살 수 없다는 의미로 이해하면 돼. 그리고 이런 특성 때문에 인간은 모여 살게 되었고
국가
그 규모가 점점 커져 더 이상 외부의 도움을 받지 않고도 자급자족할 만한 상태가 되면 그것이 바로 국가라는 거야.

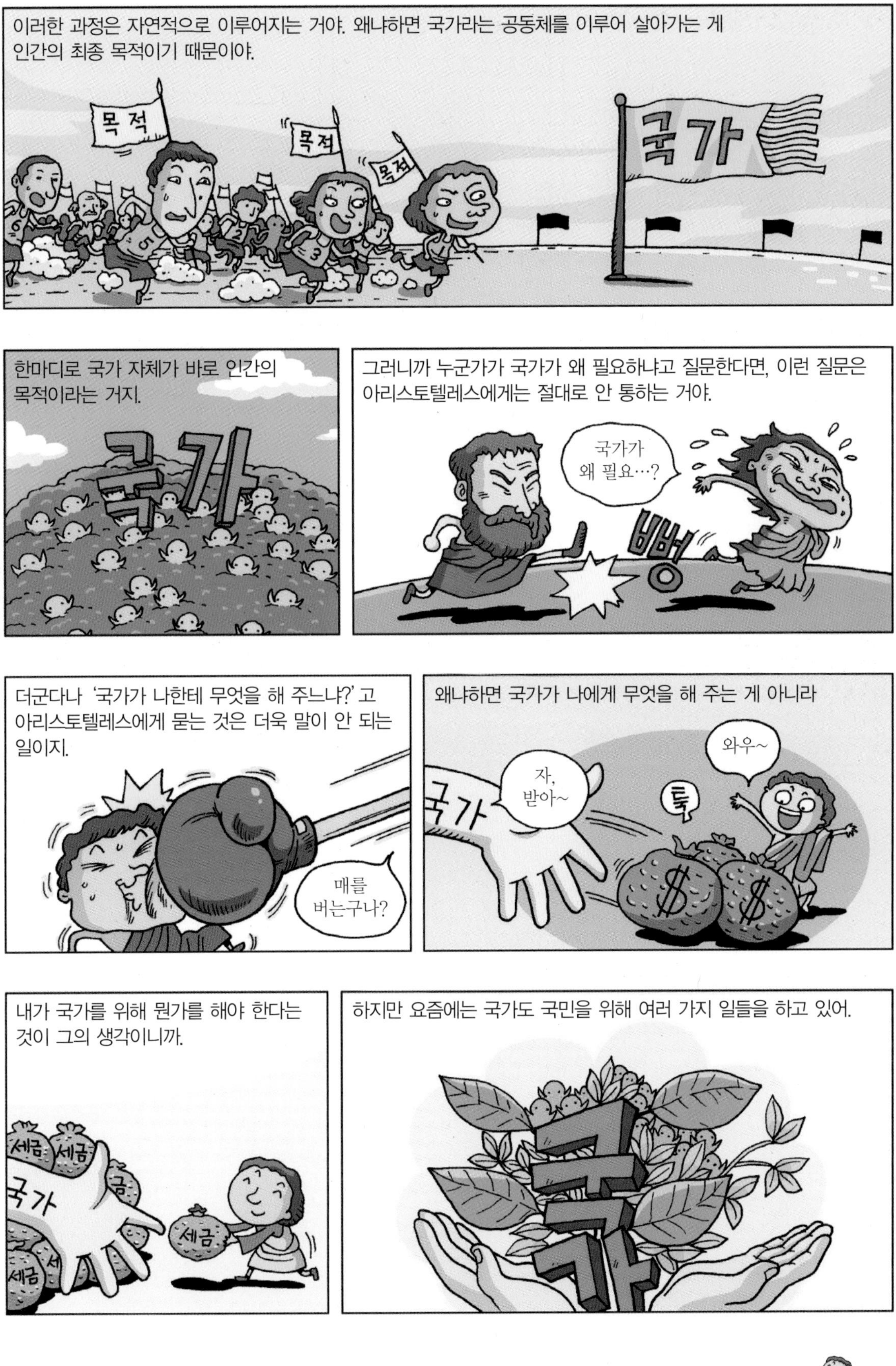
이러한 과정은 자연적으로 이루어지는 거야. 왜냐하면 국가라는 공동체를 이루어 살아가는 게 인간의 최종 목적이기 때문이야.
목적
목적
목적
국가
한마디로 국가 자체가 바로 인간의 목적이라는 거지.
국가
그러니까 누군가가 국가가 왜 필요하냐고 질문한다면, 이런 질문은 아리스토텔레스에게는 절대로 안 통하는 거야.
국가가 왜 필요…?
뻥
더군다나 '국가가 나한테 무엇을 해 주느냐?' 고 아리스토텔레스에게 묻는 것은 더욱 말이 안 되는 일이지.
매를 버는구나?
왜냐하면 국가가 나에게 무엇을 해 주는 게 아니라
국가
자, 받아~
툭
와우~
내가 국가를 위해 뭔가를 해야 한다는 것이 그의 생각이니까.
세금
세금
국가
세금
세금
하지만 요즘에는 국가도 국민을 위해 여러 가지 일들을 하고 있어.
국가

아리스토텔레스가 알면 서운하겠지만 그만큼 국가의 역할도 많이 바뀌었다는 얘기야.
헙
10년이면 강산도 변한다더니 ….

그런데 궁금한 게 하나 있어.
뭔데?

지구상에는 사람말고도 공동생활을 하는 동물들이 여럿 있잖아?
예리한 질문~!

그래 맞아. 예를 들면 벌이나 개미, 침팬지, 고릴라 등이 있지.

그런데 왜 다른 동물들은 국가를 이루고 살지 못할까?

아리스토텔레스의 말대로 공동생활을 하는 특성을 가지고 태어났다면 그들도 국가를 이루고 살아야 할 텐데 말이지.

아리스토텔레스는 그 이유를 이렇게 설명했어.
그건 바로 인간만이 언어를 가지고 있기 때문이야.
동물들도 단순한 소리로 본능적인 의사 소통을 하지만 인간의 언어는 그 이상이야.
인간은 언어로 편함과 불편함을 표현할 수 있고,
편함
불편함
옳은 것과 옳지 않은 것을 구별하고 전달할 수 있기 때문에, 법을 만들 수 있지.
따라서 인간만이 단순한 공동체를 넘어 국가를 이룰 수 있는 거지.
국
가
또한 아리스토텔레스는 당연한 말이겠지만, 인간이 동물 중에서 가장 훌륭하다고 봤어.
하지만 그것은 법과 정의를 지킬 때 그렇다는 거야.
법
정의
만약 인간이 법과 정의를 지키지 않으면 동물 중에서 가장 잔인한 야수가 된다는 거지.
결론적으로 동물들 중에서 인간만이 국가를 이루고 살아가는 이유는 언어를 가지고 있고, 그 언어로 만들어진 법과 정의를 지키려고 노력하기 때문이라는 거야.
법·정의

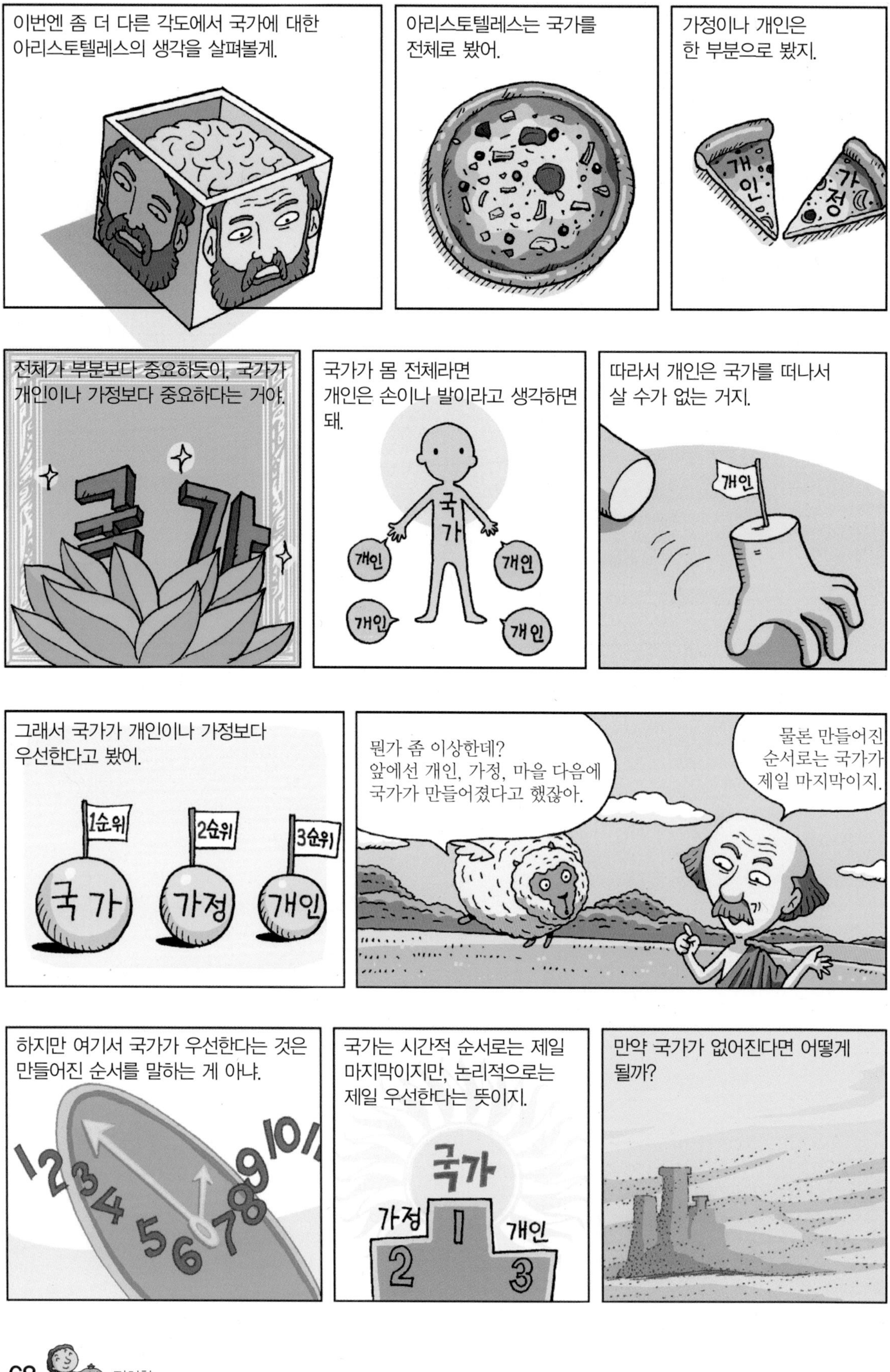
이번엔 좀 더 다른 각도에서 국가에 대한
아리스토텔레스의 생각을 살펴볼게.
아리스토텔레스는 국가를
전체로 봤어.
가정이나 개인은
한 부분으로 봤지.
개인
가정
전체가 부분보다 중요하듯이, 국가가
개인이나 가정보다 중요하다는 거야.
국가
국가가 몸 전체라면
개인은 손이나 발이라고 생각하면
돼.
국가
개인
개인
개인
개인
따라서 개인은 국가를 떠나서
살 수가 없는 거지.
개인
그래서 국가가 개인이나 가정보다
우선한다고 봤어.
1순위
2순위
3순위
국가
가정
개인
뭔가 좀 이상한데?
앞에선 개인, 가정, 마을 다음에
국가가 만들어졌다고 했잖아.
물론 만들어진
순서로는 국가가
제일 마지막이지.
하지만 여기서 국가가 우선한다는 것은
만들어진 순서를 말하는 게 아냐.
국가는 시간적 순서로는 제일
마지막이지만, 논리적으로는
제일 우선한다는 뜻이지.
국가
가정
개인
1
2
3
만약 국가가 없어진다면 어떻게
될까?

그건 인간의 목적 자체가 사라지는 것을 의미해.
그러면 인간은 존재할 이유가 없어지게 되는 거야.
그러니까 한마디로 국가, 개인, 가정 중에서 국가가 제일 중요하다는 거야.
국가
물론 여기서 말하는 국가는 오늘날과 같은 국가가 아니라는 것쯤은 앞에서 말해서 알고 있겠지?
아리스토텔레스의 《정치학》을 공부할 때는 늘 이 점을 머릿속에 새겨 둬야 해.
정치학
아리스토텔레스
정치학
자, 지금까지 국가가 무엇이고 어떻게 생겨나게 됐는지를 알아봤어.
어때? 좀 이해가 돼?
간단히 요약하면 이렇다는 거 아냐?
인간은 태어나면서부터 공동생활을 하도록 되어 있기 때문에, 모여 살게 되고, 마침내 국가를 이루게 된다는 거잖아.
오~ 허투루 듣진 않았군.
국가를 이루어 공동생활을 하는 것이 인간의 최종 목적이 되는 셈이지.
목적
국가
그렇기 때문에 국가는 개인이나 가정보다 중요하게 여겨지는 거고
자, 국가에 대해서는 이 정도로 끝내고 가정에 대해 알아볼까?

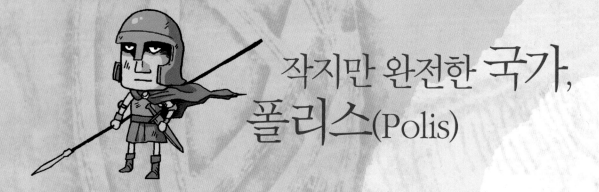

작지만 완전한 국가, 폴리스(Polis)

기원전 2000년경 지중해 동쪽 에게 해 일대에 고도로 발달한 해양 문명이 나타나는데 이것을 '에게 문명'이라고 해요. 이 문명은 크레타, 미케네, 트로이 지역을 중심으로 발달하게 되지요. 이 문명의 존재를 세상에 알린 사람은 독일의 슐리만이었어요. 그는 어린 시절, 트로이 멸망을 노래한 호메로스의 서사시 《일리아드》와 《오디세이》를 읽고 유적 발굴을 결심했다고 해요. 어른이 되자 그 동안 모은 전 재산을 트로이 발굴에 쏟아부어 마침내 성공하게 되지요.

트로이가 망하고 수백 년이 흐른 뒤인 기원전 8세기 무렵부터, 그리스 지역에는 흩어져 살던 여러 사람들이 적당한 장소를 중심으로 모여들어 도시를 이루어 살기 시작했어요. 이로부터 폴리스가 탄생되었다고 해요. 폴리스는 작은 규모의 도시 국가로서, 인구는 수백 명 혹은 수천 명 정도지만 그 자체가 완전한 독립 국가였어요. 폴리스의 중심부에는 '아크로폴리스'라는 높은 언덕이 있고, 그곳에 그 도시의 수호신을 모시는 신전을 지었답니다. 언덕 아래에는 넓은 광장이 있어서 시장이 열리곤 했어요. 도시 외곽은 넓은 전원 지대였는데, 그곳에서 농사를 지어 생활했어요. 고대 그리스에는 약 200여 개에 이르는 폴리스가 있었으며, 식민지까지 합치면 약 1,000개 이상을 헤아렸다는 기록도 있어요.

그중 가장 세력이 강했던 폴리스는 아테네와 스파르타였답니다. 아테네는 직접 민주 정치를 실시한 것으로 잘 알려져 있어요. 하지만 정치에 직접 참여할 수 있었던 것은 '시민(부모가 모두 아테네 태생인 성년 남자)'들로 제한되어 있었기 때문에, 오늘날과 같은 의미의 민주 정치는 아니었어요.

한편 엄격한 군대식 교육의 대명사인 스파르타는 아테네의 서쪽 지방에 세워진 폴리스였어요. 아테네와 끊임없이 주도권 다툼을 했지요. 스파르타 역시 소수의 시민과 다수의 노예로 구성되어 있었어요. 시민들은 생산 활동에는 전혀 참여하지 않고, 어렸을 때부터 국가의 관리 아래 훌륭한 무사가 되기 위한 교육을 받았어요. 바로 '스파르타식 훈련' 이란 말이 여기서 나온 거예요.

아테네와 스파르타를 제외한 대부분의 폴리스들은 자신들의 이익과 필요에 따라 이 두 폴리스 중 어느 한편과 동맹 관계를 유지하면서 보호를 받았어요. 그래서 자신들과 동맹을 맺은 폴리스의 영향을 받을 수밖에 없었어요. 따라서 고대 그리스의 폴리스들은 크게 아테네형과 스파르타형으로 구별할 수 있어요.

먼저 아테네형 폴리스는 제한적이지만 직접 민주 정치를 실시하였고, 상공업이 중심을 이루며, 개인 소유의 노예가 발달했던 게 특징이에요. 이에 반해 스파르타형 폴리스는 귀족 중심의 강력한 국가 통치 체제였고, 농업이 중심을 이루었으며, 국가 소유의 노예가 대부분을 차지한 게 특징이지요. 물론 이 두 가지 유형 중에서 그리스 문명을 꽃피워 이후 서양 문명의 디딤돌을 놓았던 것은 인간을 소중하게 여기고 시민의 자유를 존중했던 아테네형 폴리스들이었답니다.

제4장 국가의 기초는 무엇인가?

국가를 이해하려면, 그 기초가 되는 가정을 이해해야 돼.
가정

이것이 아리스토텔레스식 접근법이야.
샥
무슨 소리?

아리스토텔레스는 이렇게 주장했어.

어떤 문제를 탐구하기 위해서 제일 먼저 할 일은 연구 대상을 기초적인 구성 요소로 나누는 일이라고 말이야.

그리고 그것을 먼저 살펴봄으로써 실마리를 찾아야 한다고.
그러니까 이러한 탐구 방법을 국가에 적용하면 이렇게 되는 거지. 들어 봐.
국가
일단 국가를 구성하는 가장 기초적인 단위가 뭔지 알아야 해.
그것이 가정이라는 것은 이미 설명했지?
가정
그 다음엔 가정에 대해 공부하는 거야.
가정
그리고 그것에서 국가를 이해하는 중요한 단서를 밝혀내는 거지.
가정
국가
자, 그럼 본격적으로 가정에 대한 아리스토텔레스의 생각을 알아볼까?
우선 가정이 잘 운영되기 위해서 필요한 것이 뭘까?
뭐지?
가정
일단 사람이 필요하겠지?
아~ 그렇지!

엄마, 아빠, 형, 누나, 동생과 같은 가족 구성원 말이야.
그 다음은 돈도 필요할 거고
가족 구성원들 간의 따뜻한 사랑도 필요할 거야.
정리하면 구성원과 경제적인 여유, 가족 간의 사랑, 최소한 이런 것들이 갖춰져야 가정이 원만하게 운영된다고 할 수 있지.
그리고 우리들 대부분은 이런 생각에 동의할 거야.
동의
동의
그렇다면 아리스토텔레스도 이런 생각에 동의할까?
동의
아리스토텔레스가 살았던 시대는 약 2400년 전이야.

지금 우리가 살고 있는 시대와 비교하는 것은 말도 안 된다는 것쯤은 알고 있겠지?
그런데 신기하게도 아리스토텔레스와 우리들의 생각이 별다른 차이가 없다는 거야.
한두 가지는 아주 다르다고!
아리스토텔레스는 가정에 네 가지 기본 요소가 있다고 봤어.
① 주인과 노예 ② 남편과 아내
주인
③ 부모와 자녀
④ 재산을 획득하는 기술
자격증
여기서 ① 주인과 노예 ② 남편과 아내 ③ 부모와 자녀는 인적 구성원을 말하는 거고
④ 재산을 획득하는 기술은 가정을 이끌어 가는 데 필요한 돈을 버는 방법이라고 할 수 있지.
그리고 가족 간의 사랑은 옛날이나 지금이나 변하지 않는 것이라고 한다면
어때? 우리들 생각과 비슷하지?
인적 구성원에서 '주인과 노예 관계'를 인정하고 있는 것만 빼면….
주인
노예
여기선 우린 아리스토텔레스가 살던 시대에는 노예 제도를 인정했다는 것을 알아낼 수가 있어.
찰싹

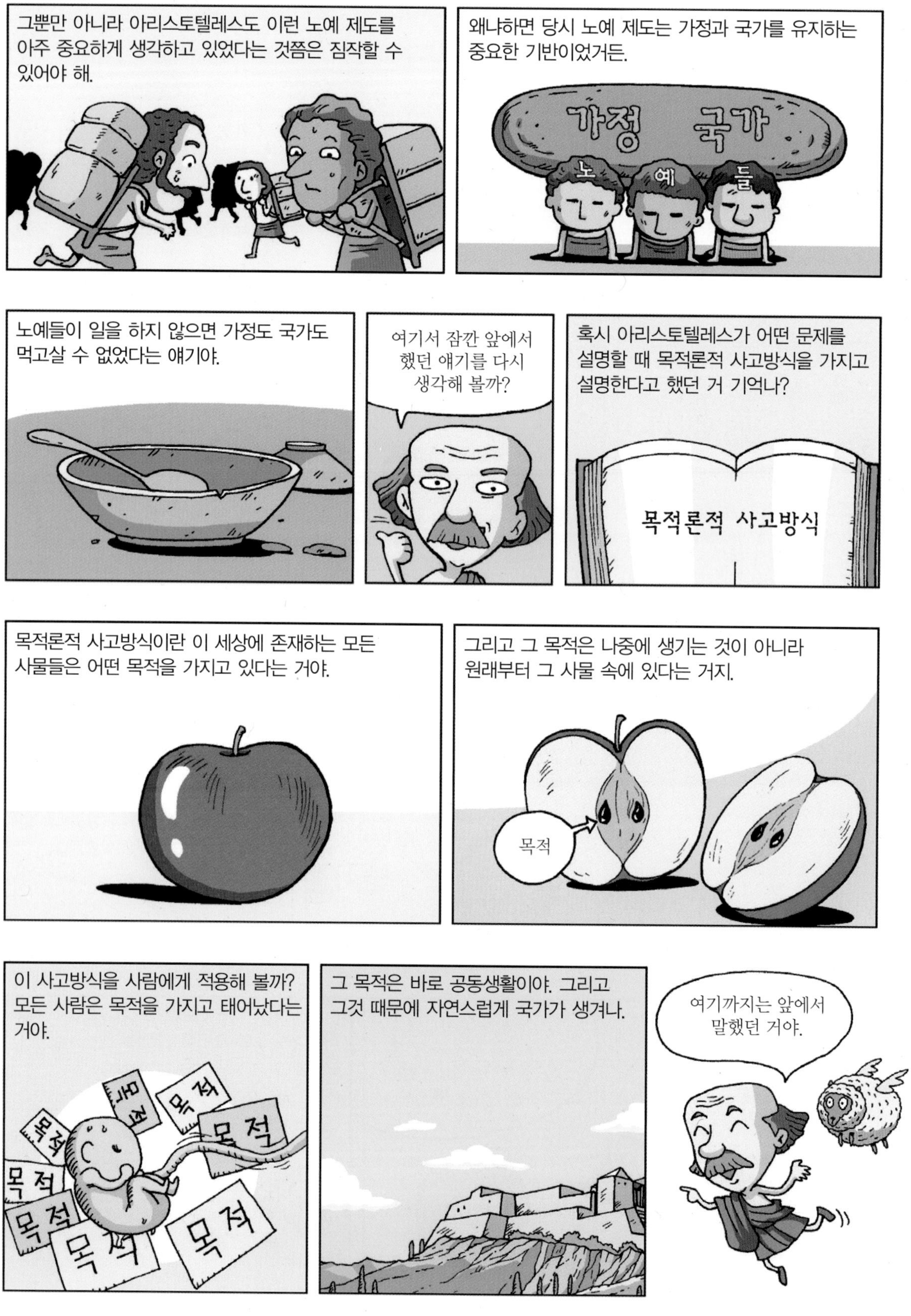
그뿐만 아니라 아리스토텔레스도 이런 노예 제도를 아주 중요하게 생각하고 있었다는 것쯤은 짐작할 수 있어야 해.
왜냐하면 당시 노예 제도는 가정과 국가를 유지하는 중요한 기반이었거든.
가정 국가
노예들
노예들이 일을 하지 않으면 가정도 국가도 먹고살 수 없었다는 얘기야.
여기서 잠깐 앞에서 했던 얘기를 다시 생각해 볼까?
혹시 아리스토텔레스가 어떤 문제를 설명할 때 목적론적 사고방식을 가지고 설명한다고 했던 거 기억나?
목적론적 사고방식
목적론적 사고방식이란 이 세상에 존재하는 모든 사물들은 어떤 목적을 가지고 있다는 거야.
그리고 그 목적은 나중에 생기는 것이 아니라 원래부터 그 사물 속에 있다는 거지.
목적
이 사고방식을 사람에게 적용해 볼까? 모든 사람은 목적을 가지고 태어났다는 거야.
목적
그 목적은 바로 공동생활이야. 그리고 그것 때문에 자연스럽게 국가가 생겨나.
여기까지는 앞에서 말했던 거야.

그럼 좀 더 얘기를 발전시켜 볼까?
이제 사람에 대한 얘기를 하려고 해.
아리스토텔레스는 사람이라고 해서 다 같은 사람으로 보지 않았어. 솔직히 말하자면 차별을 인정한 거지.
요즘 같으면 어림도 없는 얘기지만, 당시에는 노예 제도를 인정하고 있었기 때문에 심각한 문제가 되는 얘기는 아니었어.
넌 오늘부터 나의 노예이니라~!
네, 주인님~
아리스토텔레스가 사람은 태어날 때부터 목적을 가지고 태어난다고 말한 것은
어떤 사람은 지배하도록 되어 있고, 어떤 사람은 지배를 받도록 되어 있다는 거지.
주인
노예
둘 중 누가 주인이 되고 누가 노예가 되는지는 말 안 해도 알겠지?
'왜 어떤 사람은 주인이 되고 어떤 사람은 노예가 돼야 하나?'라는 질문은 아리스토텔레스에겐 통하지 않았어.
그건 태어날 때부터 정해져 있는 거니까.
노예
그리고 그게 바로 그 사람이 태어난 목적이기 때문이야.
그저 주인은 주인답게 살고, 노예는 노예답게 살면 되는 거야.

그렇게 사는 게 최선의 삶이고, 행복한 삶이라고 본 거지.
좀 억울한 거 아냐?
그래, 억울하지. 아무리 노력해도 노예는 노예이니까.
노예
노예
노예로 사는 삶이 정말로 행복한 삶일까?
노예
노예들은 정말 노예의 신분에서 벗어나고 싶은 욕망이 없을까?
노예
아리스토텔레스가 바보가 아닌 이상 그걸 모를 리가 없지.
그래서 아리스토텔레스는 노예 제도를 인정하되, 법이나 힘으로만 유지해서는 안 된다고 했어.
법, 무력
법이나 힘으로만 유지한다면 반드시 불만을 가진 자가 생기고, 그것이 사회의 혼란을 가져온다는 거지.
법이나 힘에 의해서가 아니라, 각자가 최선을 다해 자신의 목적에 맞는 삶을 살아가면 그것이 곧 공동체의 행복이라는 거야.
행복
그렇게 되면 주인도 노예도 모두 행복한 최선의 삶을 살 수 있다는 거지.
그러니까 아리스토텔레스에게 '주인답지 못한 주인'과 '노예답지 못한 노예'는 용납이 안 돼.

'주인은 가장 주인답게, 노예는 가장 노예답게.'
이게 바로 아리스토텔레스가 꿈꿨던 거야.
주인의 길
노예의 길
이렇게만 되면 노예 제도는 주인과 노예 모두에게 유익하다는 거지.
유
익
노예 제도
주인
노예
그러나 당시의 상황을 생각해서 아무리 아리스토텔레스의 생각을 인정해 주려고 해도
노예
노예 제도를 정당한 것으로 바라보는 그의 주장을 현대 사회에서 받아들일 수는 없어.
쩌저
적
노예
왜냐하면 사람은 누구나 평등한 존재로 태어나기 때문이야.
평등
사람 사이의 차별은 있을 수도 없는 일이니까.
평등탕
사실 아리스토텔레스는 요즘 말로 하면, 인종차별주의자이기도 했어.
천박해
뭐라구?!
그는 그리스 인이 아니면 사람 취급을 하지 않았거든.
우월
야만인들!
우~
그리스
우
그래서 그리스 인들이 다른 민족을 정복하고 지배하는 것을 정당화했어.
이것도 받아들이기 힘든 생각이지.

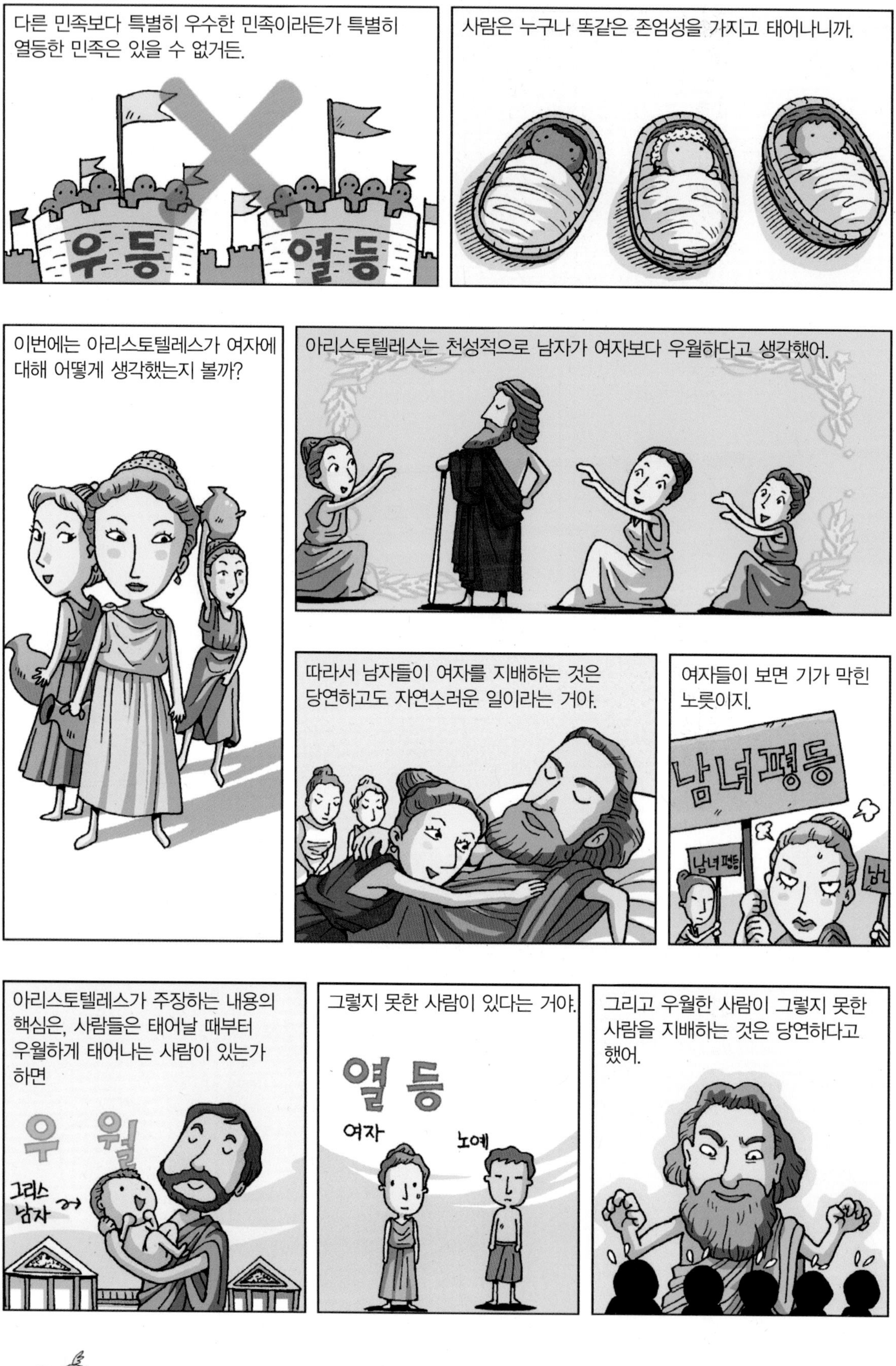
다른 민족보다 특별히 우수한 민족이라든가 특별히 열등한 민족은 있을 수 없거든.
우등
열등
사람은 누구나 똑같은 존엄성을 가지고 태어나니까.
이번에는 아리스토텔레스가 여자에 대해 어떻게 생각했는지 볼까?
아리스토텔레스는 천성적으로 남자가 여자보다 우월하다고 생각했어.
따라서 남자들이 여자를 지배하는 것은 당연하고도 자연스러운 일이라는 거야.
여자들이 보면 기가 막힌 노릇이지.
남녀평등
남녀평등
아리스토텔레스가 주장하는 내용의 핵심은, 사람들은 태어날 때부터 우월하게 태어나는 사람이 있는가 하면
우 월
그리스 남자
그렇지 못한 사람이 있다는 거야.
열 등
여자
노예
그리고 우월한 사람이 그렇지 못한 사람을 지배하는 것은 당연하다고 했어.

이러한 사실은 부모와 자식 간에도
마찬가지라는 거지.
결국 아리스토텔레스는 가정에서 남자(가장)가 가부장적인 지배를
하는 것을 당연하고도 자연스러운 현상으로 인정했어.
….
….
….
물론 그는 한 가정을 지배하기 위해서는
가장다운 덕을 가지고 있어야 한다고 주장했지.
德
하지만 이것은 지나치게
이상적인 이야기야.
이상
현실에는 그렇지 못한
경우가 흔하게 있거든.
이상
그러면 아리스토텔레스는 이런 경우를
예상하지 못하고 이런 주장을 했을까?
그건 아닐 거야. 아리스토텔레스처럼 지혜로운 사람이 그것을
예상하지 못했을 리는 없지.
지혜
아리스토텔레스는 가장 바람직한 가정의
모습을 그려 보고 싶었던 거야.
주인이든 노예든 남자든 여자든
태어난 목적대로 최선을 다한다면
서로 조화를 이루어 가장
바람직한 가정을 운영할 수
있다는 거야.
하 하 하

하지만 그가 살던 시대에도 현실은 그렇지 못했어.
침울~
그래서 교육이 필요하다고 주장했지.
교육
교육 이야기는 나중에 다시 자세히 할게.
교육을 통해서 자신의 삶의 목적이 무엇이며, 어떻게 사는 것이 최선의 삶인가를 깨닫게 하는 거지.
삶
끊임없는 교육을 통해 현실의 문제를 극복할 수 있다고 본 거야.
현실
이제 좀 아리스토텔레스의 생각을 이해하겠어?
자~ 다음은 재산을 획득하는 기술에 대한 이야기야.
슥~
$
누군가가 재산을 획득하는 기술을 알려 준다면… 어때? 솔깃하지?
솔깃
아리스토텔레스는 재산을 획득하는 방법에는 두 가지의 방법이 있다고 봤어.
하나는 자연에 의해 주어지는 것이고
자연
다른 하나는 상업에 의한 것이지.
상업
이 두 가지 방법 중에 아리스토텔레스가 올바른 방법이라고 본 것은 첫 번째 방법이야.
자연

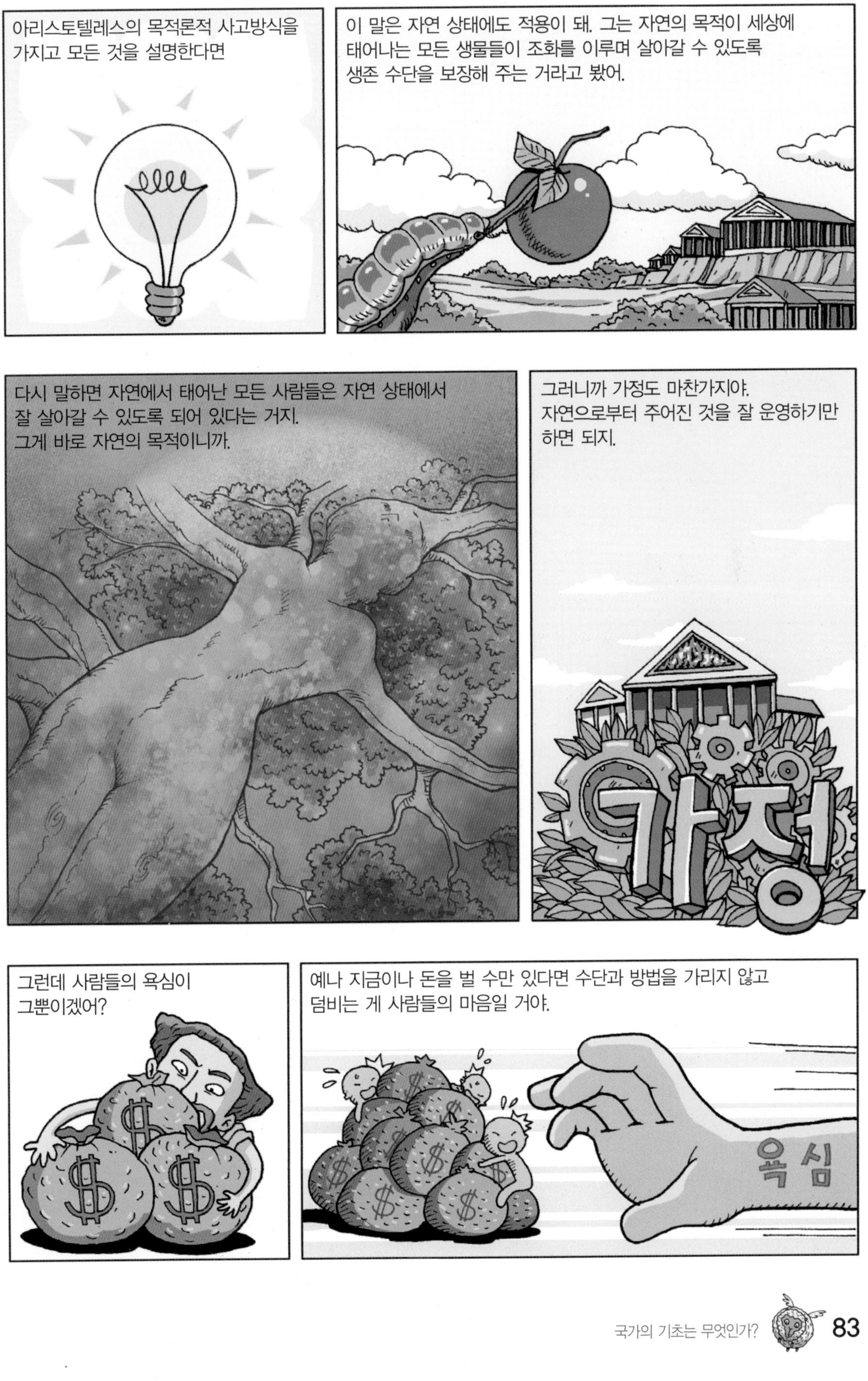
아리스토텔레스의 목적론적 사고방식을 가지고 모든 것을 설명한다면
이 말은 자연 상태에도 적용이 돼. 그는 자연의 목적이 세상에 태어나는 모든 생물들이 조화를 이루며 살아갈 수 있도록 생존 수단을 보장해 주는 거라고 봤어.
다시 말하면 자연에서 태어난 모든 사람들은 자연 상태에서 잘 살아갈 수 있도록 되어 있다는 거지. 그게 바로 자연의 목적이니까.
그러니까 가정도 마찬가지야. 자연으로부터 주어진 것을 잘 운영하기만 하면 되지.
가정
그런데 사람들의 욕심이 그뿐이겠어?
예나 지금이나 돈을 벌 수만 있다면 수단과 방법을 가리지 않고 덤비는 게 사람들의 마음일 거야.
욕심

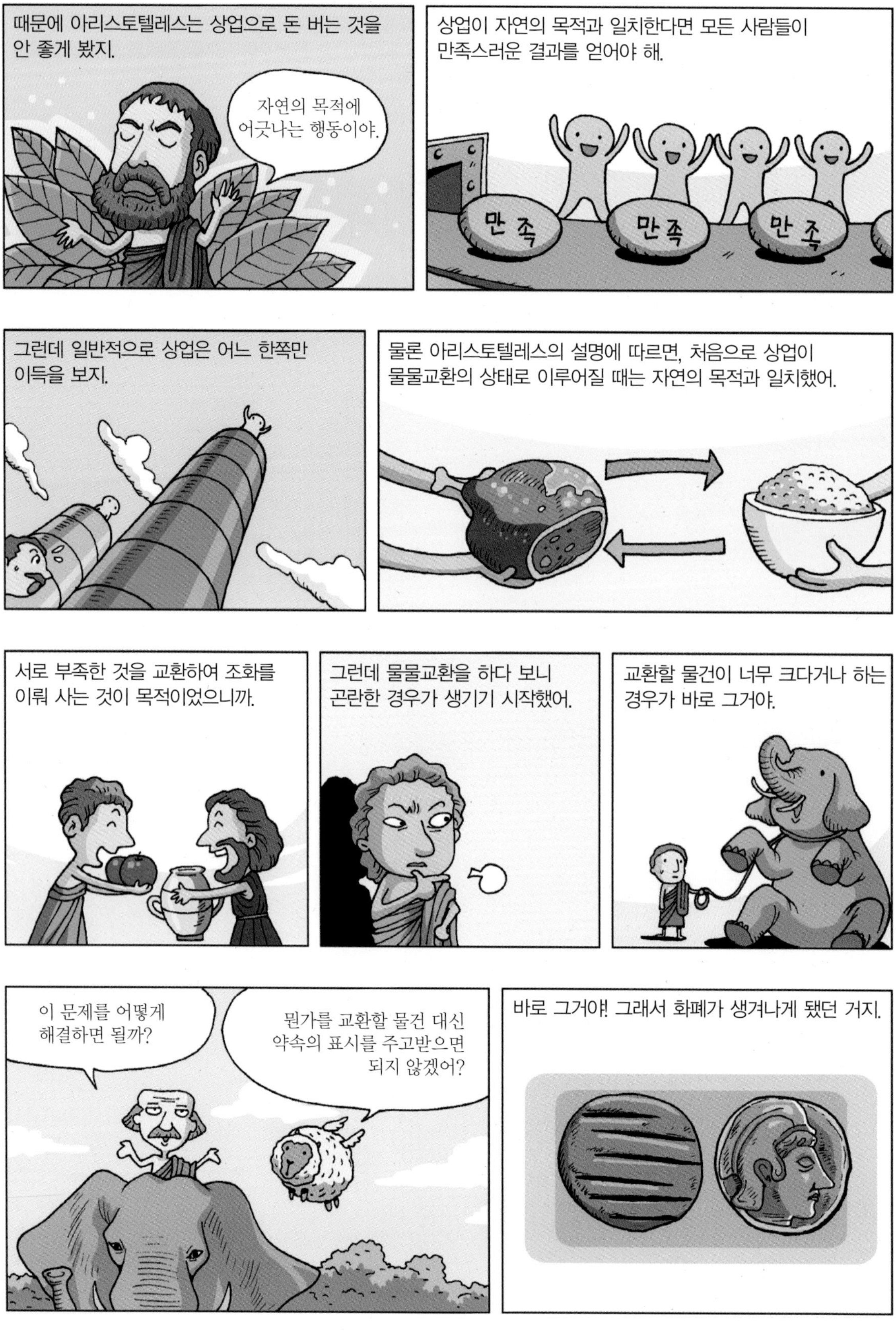
때문에 아리스토텔레스는 상업으로 돈 버는 것을 안 좋게 봤지.
자연의 목적에 어긋나는 행동이야.
상업이 자연의 목적과 일치한다면 모든 사람들이 만족스러운 결과를 얻어야 해.
만족
만족
만족
그런데 일반적으로 상업은 어느 한쪽만 이득을 보지.
물론 아리스토텔레스의 설명에 따르면, 처음으로 상업이 물물교환의 상태로 이루어질 때는 자연의 목적과 일치했어.
서로 부족한 것을 교환하여 조화를 이뤄 사는 것이 목적이었으니까.
그런데 물물교환을 하다 보니 곤란한 경우가 생기기 시작했어.
교환할 물건이 너무 크다거나 하는 경우가 바로 그거야.
이 문제를 어떻게 해결하면 될까?
뭔가를 교환할 물건 대신 약속의 표시를 주고받으면 되지 않겠어?
바로 그거야! 그래서 화폐가 생겨나게 됐던 거지.

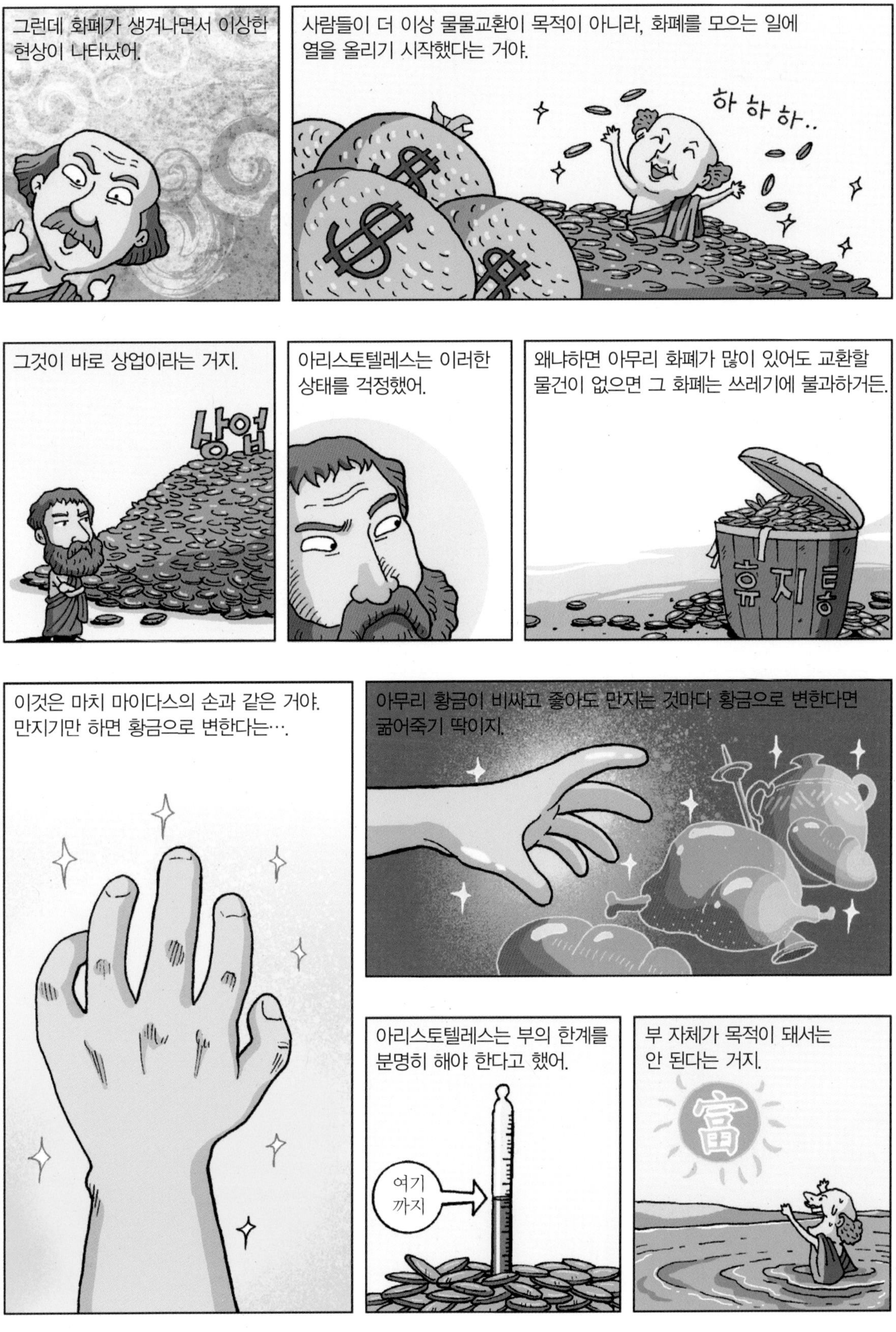
그런데 화폐가 생겨나면서 이상한 현상이 나타났어.
사람들이 더 이상 물물교환이 목적이 아니라, 화폐를 모으는 일에 열을 올리기 시작했다는 거야.
하 하 하..
그것이 바로 상업이라는 거지.
상업
아리스토텔레스는 이러한 상태를 걱정했어.
왜냐하면 아무리 화폐가 많이 있어도 교환할 물건이 없으면 그 화폐는 쓰레기에 불과하거든.
휴지통
이것은 마치 마이다스의 손과 같은 거야. 만지기만 하면 황금으로 변한다는….
아무리 황금이 비싸고 좋아도 만지는 것마다 황금으로 변한다면 굶어죽기 딱이지.
아리스토텔레스는 부의 한계를 분명히 해야 한다고 했어.
여기 까지
부 자체가 목적이 돼서는 안 된다는 거지.
富

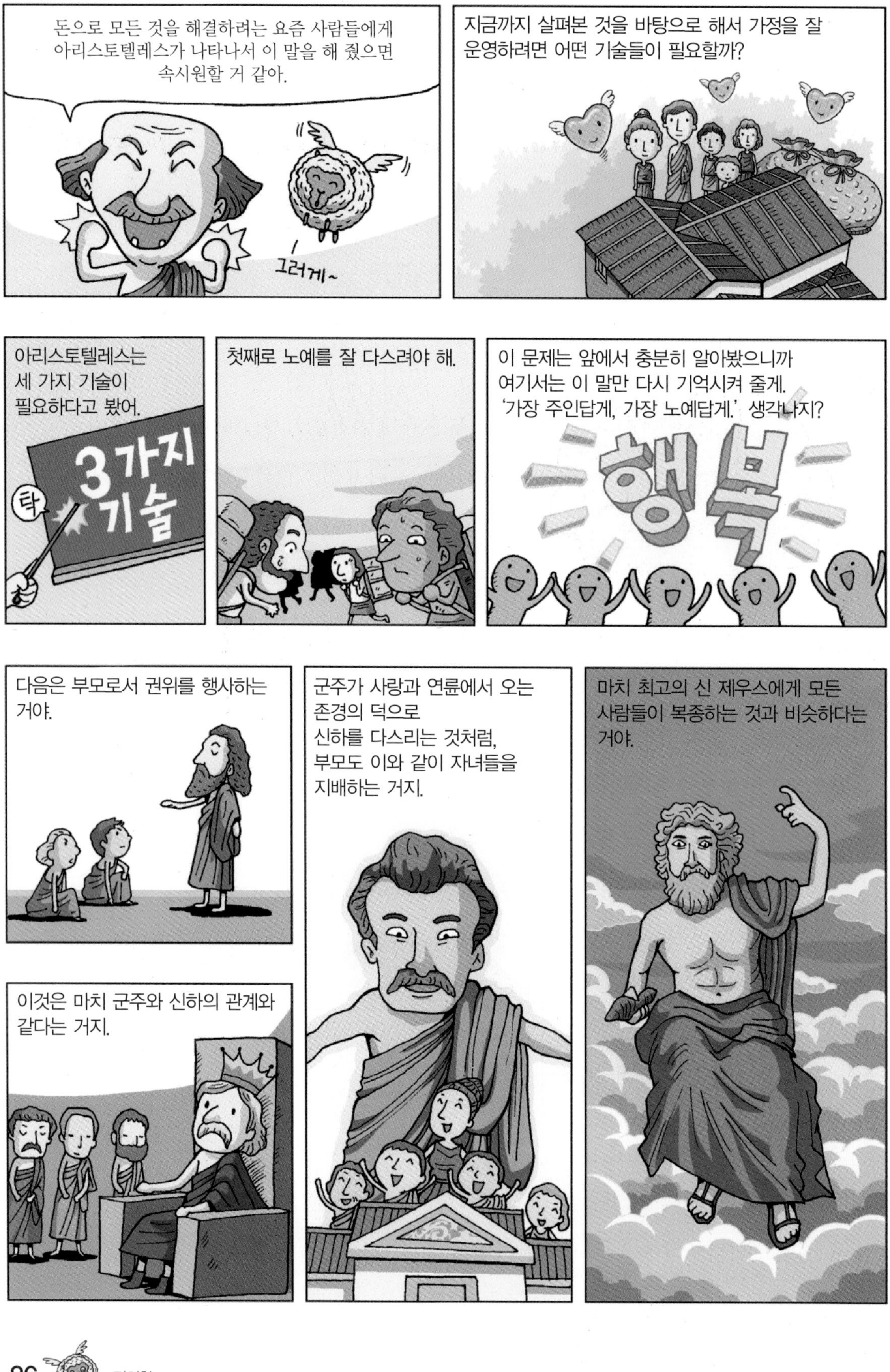

돈으로 모든 것을 해결하려는 요즘 사람들에게 아리스토텔레스가 나타나서 이 말을 해 줬으면 속시원할 거 같아.
그러게~
지금까지 살펴본 것을 바탕으로 해서 가정을 잘 운영하려면 어떤 기술들이 필요할까?
아리스토텔레스는 세 가지 기술이 필요하다고 봤어.
3 가지 기술
탁
첫째로 노예를 잘 다스려야 해.
이 문제는 앞에서 충분히 알아봤으니까 여기서는 이 말만 다시 기억시켜 줄게. '가장 주인답게, 가장 노예답게.' 생각나지?
행복
다음은 부모로서 권위를 행사하는 거야.
이것은 마치 군주와 신하의 관계와 같다는 거지.
군주가 사랑과 연륜에서 오는 존경의 덕으로 신하를 다스리는 것처럼, 부모도 이와 같이 자녀들을 지배하는 거지.
마치 최고의 신 제우스에게 모든 사람들이 복종하는 것과 비슷하다는 거야.

마지막으로 남편으로서 권위를 행사하는 거야.
이것은 주인으로서의 역할과 부모로서의 역할과는 다르다고 생각했어.
남편으로서 부인을 지배하는 것은 일종의 정치적 지배라는 거야.
부인에 대한 지배는 자유인으로서 동료 시민에 대한 정치적 지배 성격을 띤다는 거야.
지금까지 살펴본 것을 한마디로 요약하면 이렇게 돼.
국가의 기초는 가정이다.
가정
그런데 가정에서 일어나는 일을 가만히 들여다보면 마치 작은 국가와 비슷하다는 거야.
슥
아까 가정의 구성원들은 각자의 목적을 가지고 태어난다고 했지?
목적
그리고 각자가 목적에 맞는 역할을 성실하게 수행할 때 가정이 잘 운영되듯이, 국가의 운영도 가정의 운영과 본질적으로 같다는 거지.
국가
가정
어때, 그렇게 어려운 얘기는 아니지?
그럼 다음 장으로….

화폐의 기원

화폐가 생겨나기 전 원시 사회에서는 물물교환의 수단으로 상품 화폐를 이용했어요. 당시에 많이 사용되었던 상품 화폐로는 곡물, 직물, 가축, 농기구, 무기, 모피, 장식품 등이었어요.

그렇다면 오늘날과 같은 화폐의 모습은 아니더라도 처음으로 '화폐'를 생각해 낸 사람은 누구일까요? 화폐가 불, 수레바퀴와 함께 인류 역사상의 3대 발명품 중의 하나인데도, 안타깝게도 그 발명자가 누구인지를 확인할 수는 없답니다. 다만 여기에서는 기록에 나와 있는 내용을 토대로, 오늘날 화폐의 기원이 되었던 고대의 화폐들에 대해 살펴볼게요.

동양 최초의 주화, 반량(半兩)

▲ 반량

우선 주화란 거푸집(화폐를 만드는 일정한 틀)을 써서 한 번에 수천 개씩 대량으로 주조한 화폐를 말해요. 그런 의미에서 동양 최초의 주화는 반량이에요. 반량은 동그란 형태에 네모난 구멍이 가운데에 뚫린 모양을 하고 있어요. 둥근 원은 하늘을, 네모난 구멍은 땅을 상징하는 것으로 동전 하나에서 하늘과 땅을 동시에 볼 수 있다는 심오한 사상을 담고 있지요. 이런 형태는 이후 약 2000여 년 동안 동양 화폐의 모델이 되었답니다.

최초의 금화, 일렉트럼 코인(Electrum Coin)

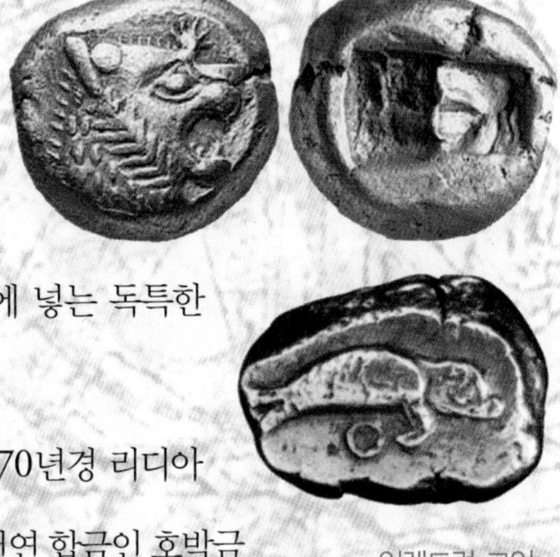

▲ 일렉트럼 코인

서양 화폐의 역사는 그리스 지역에서 시작되어 정복자 알렉산드로스 시대를 거쳐 로마에 전해집니다. 그리스 화폐를 이어받은 로마 시대에는 각 황제마다 자신의 초상화를 주화에 넣는 독특한 화폐 문화를 만들었다고 해요.

하지만 지금까지 기록된 서양 최초의 금속 화폐는 기원전 670년경 리디아(지금의 터키)에서 만들어졌다고 해요. 이것의 재료는 금, 은의 천연 합금인 호박금(Electrum)이었고, 모양은 사자머리 도안을 새겨 넣어 만들어졌지요. 이 주화에는 금속의 무게를 증명하는 내용이 새겨져 있어 표준 가치를 알 수 있었으므로 '스탠더드' 라고 불리기도 했어요.

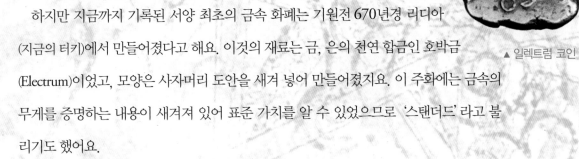

그리스 은화, 테트라드라큼

기원전 510년경 아테네에서 만들어진 주화로 성스런 새인 올빼미와 올빼미 옆에는 'A', 'TH', 'E' 라는 그리스어가 새겨져 있는데, 이것은 '아테네인들의' 라는 뜻이라고 해요. 호박금이나 황금으로 만들어진 이 주화는 초기에는 한쪽 면에만 조각을 했으나, 그 후 그리스 신화의 여러 신들, 성조(올빼미), 곡식의 이삭, 지배자의 얼굴 등 다양한 문양을 양면에 새겨 넣었다고 해요.

세계 최초의 지폐, 교자(交子)

세계 최초의 지폐는 10세기 말 중국 남송(南宋)의 상인들 간에 사용되었다는 예탁증서 형태의 교자로 알려져 있어요. 그 후 원나라 때에는 금화, 은화, 동전의 유통을 금지하고 지폐만 사용하도록 함으로써 지폐의 유통이 활발하게 이루어졌다는 기록도 있답니다.

제5장 너희가 국가를 아느냐?
인간의 행복한 삶을 가장 잘 보장해 줄 수 있는 이상적인 국가는 어떤 모습일까?
보장
보장
삶
국가
이 문제는 아리스토텔레스뿐만 아니라 그 전부터 수많은 사상가들이 꾸준히 연구해 왔던 주제야.
이번 장에서는 이 주제에 관해서 앞서 연구했던 사람들의 생각과 아리스토텔레스의 생각을 비교해 보려고 해.
마치 아리스토텔레스가 그렇게 했던 것처럼 말이지.
어슬렁..
저기요?
엄마가 저랑 옆집 철수의 성적을 비교하는 것과 같은 건가요?
비교할 만한 성적도 아닌 거 같은데….

앞에서 아리스토텔레스는 역사적 방법론에 충실한 사람이라고 했던 거 기억나지?
역사적 방법론
펄럭~
역사적 방법론에선 자기보다 앞서 연구한 사람들의 생각을 살펴보고 분석하는 게 먼저야.
자, 그럼 우리도 따라해 볼까?
좌악
아리스토텔레스는 한 나라의 정치 구조를 연구하기 위해선 소유권 문제를 살펴봐야 한다고 했어.
소유권
그러면서 플라톤의 《국가론》에 소개되어 있는 소크라테스의 견해를 반박하는 것으로 출발점을 삼았지.
스승님의 《국가론》에는 반박할 내용이 많아!
트집쟁이!
소크라테스
플라톤
물론 소크라테스가 죽은 뒤 15년 후에 아리스토텔레스가 태어났으니
직접 만나 이 문제를 토론하지 않았다는 것쯤은 알고 있겠지?
직접 만나 토론하고 싶군!
불끈
그런데 만약 이 두 사람이 직접 만나 이 문제에 관해 토론한다면 어떤 일이 벌어질까?
그렇다면 코를 납작하게 해줄 텐데.
어때? 흥미롭지 않겠어? 시간 여행을 통해서 우리가 두 사람을 만나게 해 주는 게.
때는 아리스토텔레스가 살던 그 시절, 아리스토텔레스가 강의실에서 소크라테스를 만났다고 가정해 보자.

교수님! 안녕하세요?
교수님 강의를 듣고 잘 이해가 안 되는 점이 있는데 질문해도 괜찮겠습니까?
얼마든지….
'아카데메이아의 예지'(아리스토텔레스의 별명)라는 자네가 내 강의를 이해하지 못했을 리는 없고, 뭔가 나랑 다른 생각이 있는 게로군.
좋아, 얘기 해 보지.
국가의 정치 구조를 살펴보기 위해서는 우선 소유권 문제를 살펴봐야 한다는 것에는 동의합니다.
그런데 교수님께서 부인이나 자식들도 공동으로 소유하는 것이 국가(공동체)를 위해 더 좋다고 하셨는데
전 이해가 안 갑니다.
모든 부모들이 자식 또래의 아이들을 내 자식이라고 생각해 봐.
그만큼 더 잘 돌보지 않겠어?
그것은 부인에게도 마찬가지고… 결국 국가를 위해서도 좋은 일이지!
하지만 제 생각은 다릅니다. 모든 사람은 자신의 것에는 관심이 많지만 공동 소유물에 대해서는 별로 흥미를 가지지 않거든요.
결국 자기가 난 자식이나 부인 이외에 다른 자식이나 부인을 돌보는 일에 아무도 관심을 기울이지 않는다는 거죠.
그래서?

그런데도 자식이나 부인을 공동의 소유로 하는 법을 만든다면 아무도 가정을 돌보려 하지 않을 겁니다.
그렇게 되면 결국 국가는 파괴되고 마는 거죠.
그렇게 생각할 수도 있겠군. 역시 아카데메이아의 예지다운 날카로운 지적이야.
어쨌든 이 문제는 좀 더 생각해 보자고.
죄송합니다. 잘난 척해서….
기왕 말씀드린 김에 한 가지만 더 말씀드리고 싶은데요.
교수님은 부인이나 자식뿐만 아니라 모든 재산도 공유해야 한다고 말씀하셨죠? 제 생각은 좀 다릅니다.
그래?
하지만 재산을 공유한다는 것은 아주 중요한 일이야. 잘만 하면 모든 사람이 친구가 될 수 있거든.
하지만 그렇지 않을 수도 있습니다.

이렇게 생각해 보세요. 열심히 일한 사람과 그렇지 않은 사람이 똑같이 재산을 나누어 가진다면 누가 열심히 일하겠어요?
투당
투당
쉬엄쉬엄 하라고~!
결국 적게 일하고 많이 가지려고 하는 사람들만 늘어나지 않겠어요?
….
하하하
받는 돈은 똑같잖아~.
그렇게 되면 더 이상 친구가 아닌 거죠.
그렇게 되나?
역시 자넨 만만치 않군. 그럼, 이건 어떻게 생각하는가?
지금 우리나라에서 일어나는 여러 가지 죄악, 예를 들자면….
사기, 절도, 위증, 부자에게 아부하기 같은 것 등의 근본적인 원인이 무엇이라 생각하는가?
사기 절도 위증
아부
내가 보기엔 이 모든 죄악이 사유재산을 인정하기 때문에 생긴다고 보는데….
그건 그렇지 않습니다. 모든 죄악의 근본 원인은 인간의 지나친 이기심 때문입니다.
그러니까 재산의 공유를 통해 범죄를 예방하겠다는 것은 옳지 않습니다.
오히려 재산의 개인 소유를 인정해서 불만을 없애는 게 범죄 예방에 더 효과적이라고 봅니다.
다만 재산을 자비로운 마음을 가지고 서로 나눠 쓸 수 있도록 훈련을 시키는 것은 국가가 책임져야 하죠.

소유권에 관한 아리스토텔레스의 생각은 이렇게 요약할 수가 있어.
재산을 개인이 소유하는 것을 인정하되, 사용은 공동으로 하는 것, 그는 또 누구나 여유 있게 살 수 있을 만큼 재산을 갖는 것도 중요하다고 봤어.
그래야 재산 때문에 생기는 각종 범죄를 예방할 수 있습니다.

소유권 문제에 대한 이야기는 이 정도로 하고
다음에 다시 토론해 보세~!
꾸벅。

다음은 플라톤의 이상국가론에 대한 아리스토텔레스의 생각을 알아보려고 해.
다음은 내 차례인가?
기이잉

아리스토텔레스가 20년간 플라톤에게 배웠으니까 플라톤이야말로 진정한 스승인 셈이지만, 학문에서는 대단한 라이벌이기도 하지.
VS

지금부터 스승과 제자 간의 열띤 토론을 감상해 볼까?
가장 바람직한 국가는 무엇인가?
국가의 목적은 시민들로 하여금 최선의 생활을 할 수 있도록 해 주는 거야. 그렇게 하려면 반드시 공동생활을 해야 하는 거지.
네, 저도 같은 생각입니다. 인간은 공동생활을 통해서만 목적을 이룰 수 있거든요.
공동생활
자네가 내 생각에 동의해 주니 기분이 좋은걸.
그렇다면 이러한 국가의 목적을 원만하게 달성하기 위해 제일 중요한 점은 뭐라 보는가?
국가의 목적
나는 국가의 통합이 제일 중요하다고 보는데… 그래야 국가가 하고자 하는 일을 효율적으로 수행할 수 있지 않겠나?
통합
국가
국가
국가
제 생각은 좀 다릅니다.
국가라는 것은 원래 서로 다른 능력을 가진 인간들로 구성된 다원적인 집합체입니다.
국가
이것을 무시하고 통합만을 강조한다면, 개인은 다양한 능력을 발휘할 기회를 잃게 되는 거죠.
통 합

이것은 결코 바람직한 국가의 모습이 아니라고 봅니다.
그건 자네가 잘못 생각하고 있는 거야.
국가의 목적을 달성하기 위해서는 모든 것이 하나처럼 통합되어야 하네.
국가가 마치 한 사람처럼 움직인다면 국가의 목적을 달성하는 데 얼마나 효율적이겠는가?
불끈
스승님의 말씀처럼 국가가 하나의 개인처럼 된다면 결국 국가의 파멸을 가져올 것입니다.
쿵
파멸
왜냐하면 개인으로서 완벽한 사람이 존재할 수 없는 것과 같은 이치 때문입니다.
무슨 소리! 난 완벽해.
나도.
나도.
완벽하지 못한 국가가 오래가지 못한다는 것은 역사가 증명하고 있습니다.
출렁~
으악!
아무리 그래도 내 생각에는 변함이 없네.
국가의 통합을 위해서는 재산뿐만 아니라 부인이나 자녀들까지도 공동으로 소유해야 하네.
공동
그래야만 국가가 하나의 개인처럼 국가의 목적을 달성하는 데 집중할 수 있지 않겠나.
국가
이 생각은 스승인 소크라테스도 인정하셨네.
인정
그렇지 않습니다.

서로 다른 능력을 가진 사람들이 서로 도우며 부족한 부분을 채워 줄 때 국가의 모든 문제가 만족스럽게 해결될 것입니다.
국가
개인
개인
개인
개인
개인
국가가 가지고 있는 문제를 스스로 해결하지 못한다면 더 이상 국가라고 할 수 없습니다.
왜냐하면 국가의 목적은 바로 자급자족하는 공동체이니까요.
공동체
국가
허허. 자네 고집도 대단하군. 어쨌든 이쯤하고 누가 옳은지는 독자들의 판단에 맡기도록 하세.
알겠습니다.
두 사람의 토론 잘 들었지?
두 사람 모두 국가의 목적은 최선의 삶을 보장하기 위한 공동생활이 되어야 한다는 것에는 의견을 같이해.
하지만 그것을 달성하기 위한 방법에서 차이를 보이고 있어.
플라톤은 국가가 하나의 개인처럼 통합되어야 효율적으로 목적을 달성할 수 있다고 봤어.
통합
반면 아리스토텔레스는 통합이 아니라 각자의 능력을 최대한으로 발휘하는 체제를 원했지.
능력
능력
능력
능력
능력

또한 재산의 소유 방식에 대해서도 두 사람의 생각은 차이가 있어.
$
플라톤은 공동 소유를, 아리스토텔레스는 개인이 소유하는 방식을 옳다고 본 거야.
공동
개인
개인
개인
개인
자, 다음은 팔레아스의 이상국가론에 대한 아리스토텔레스의 생각을 알아보자고.
팔레아스란 사람은 그렇게 유명한 사람 같지 않아.
누구세요?
아리스토텔레스가 쓴 《정치학》이라는 책에 잠깐 소개되고 있을 뿐 관련된 자료를 찾기가 아주 힘들거든.
팔레아스…
하지만 아리스토텔레스는 개인적으로 팔레아스의 이상국가론이 플라톤의 것보다 훨씬 더 현실적이라고 본 것 같아.
펄럭
팔레아스 국가론
플라톤 국가론
두 사람의 가상 토론을 한번 지켜볼까?
국가에 있어서 '재산을 어떻게 통제할 것인가.' 하는 문제는 아주 중요한 문제라고 생각해.
난 한 나라의 모든 시민들이 재산을 평등하게 가질 수 있도록 하는 법을 만들어야 한다고 봐.
그렇지 않으면 불만을 가진 사람이 생길 것이고,
그런 사람들이 늘어나면 반란을 일으키게 되거든.

나도 그 말엔 어느 정도 동의해. 하지만 재산을 평등하게 가질 수 있도록 하는 것 못지 않게 중요한 것이 있어.
그건 바로 새로 태어날 아이들의 수를 적절하게 유지하는 법을 만드는 거야.
무슨 말인지 이해가 잘 안 되는군. 좀 더 쉽게 설명해 주겠나?
그러지.
인구를 적절하게 통제하지 못해서 인구의 수가 엄청나게 늘었다고 생각해 봐.
그러면 각자가 가질 수 있는 재산의 양도 그만큼 줄겠지?
$
그럼 점점 가난해지는 거고 불만이 생기질 않겠어?
꼬르륵..
그럼 자네가 걱정하는 내란이나 혁명이 일어날 수 있지 않겠나?
듣고 보니 그렇군.
자넨 역시 나보다 한 수 위야. 그럼 이 문제는 어떻게 생각하나?
재산을 평등하게 가질 수 있다면 지금 일어나고 있는 재산 관련 범죄도 많이 줄어들 거라고 보는데.
히히히..
당연히 그렇게 되겠지.
그렇지만 좀 더 깊이 생각해 보면 범죄가 일어나는 원인은 재산의 불평등보다는 인간의 탐욕 때문이라 할 수 있어.
탐욕
재산을 아무리 평등하게 나눈다 하더라도 인간의 탐욕 문제를 해결하지 못하면 범죄는 결코 줄어들지 않지.

예를 들어서 귀족들을 보게.
그들은 누가 봐도 넉넉한 재산을
가지고 있는 사람들이야.
그런데 늘 불만이 가득해.
뭔가 부족해
왜 그렇겠어? 그들에겐 재산이 문제가
아니고 명예가 문제거든.
명예
그렇군. 그렇다면 인간의
탐욕 문제를 해결할 수 있는
방법은 없을까?
탐욕
내 생각은 교육을 통해서 어느 정도
해결할 수 있을 것 같기는 한데….
교육
쾅
탐
바로 그걸세.
내 생각도 그렇거든.
인간의 탐욕은 교육을 통해서 해결해야 해.
그리고 모든 사람이 공평하고 충분하게 교육을 받을 수 있는
기회도 법률로 보장해 줘야 해.
교
육
그러니까 자네 말은
교육을 통해 절제하는
습관을 길러 주고,
철학을 통해 올바르게
쾌락을 추구하는 방법을
가르친다, 이거지?
절제의
습관
올바른
쾌락
내가 제대로
이해했나?
바로 그거야!

그런데 국가를 잘 유지하기 위해선 또 생각해야 할 게 있네.
그게 뭔가?
자네는 국내 문제만 중요하게 생각하는데, 국가가 유지되려면 반드시 이웃 국가들과의 관계도 고려해야 하네.
국가
국가
국가
외부의 침입에도 대비한다는 거지.
물론 군대가 그런 역할을 하지만 그걸 모르는 사람은 없을 테니까.
자네는 한 국가의 재산은 어느 정도가 적당하다고 생각하는가?
많을수록 좋지 않겠나?
그렇지 않네. 국가의 재산이 너무 많으면 더 강력한 이웃 나라들이 침략해 오지.
그렇다고 침입자들을 물리칠 수 없을 정도로 가난해서도 안 되겠지.
국가의 재산은 항상 이웃 나라와의 관계를 고려해야 하네.

거기까지 생각하지 못했는데….
하하하;
지금까지 살펴본 것처럼, 아리스토텔레스는 자신의 주장을 펼치기 전에 비슷한 생각을 가진 사람들의 주장을 자세히 검토하는 걸 잊지 않았지.
아리스토텔레스가 무엇을 위해 이렇게 힘든 작업을 했는지 짐작하겠지?
바로 바람직한(이상적인) 국가에 대한 자신의 주장이 옳다는 것을 보여 주기 위해서야.
자, 그럼 이제 그가 주장하는 바람직한 국가의 모습이 무엇인지에 대해 본격적으로 알아볼 차례군.
출발해 볼까?

국가는 왜 생겨나게 되었을까?

아리스토텔레스의 주장

아리스토텔레스는 인간의 사회적(정치적) 본성에 의해서 자연적으로 국가가 생겨났다고 봤어요. 정치적 본성을 가지고 태어난 사람들은 자연스럽게 모여 살기 시작했는데, 점점 그 규모가 커지면 모든 문제를 자급자족할 수 있는 상태에 이른다는 겁니다. 그것이 바로 국가라는 거지요.

루소의 주장

루소에 따르면 인간은 본래 선한 존재라고 합니다. 따라서 인간은 사회 전체의 행복을 위해 자신을 절제할 수 있다고 봤어요. 하지만 개인들이 각자 자신의 목적을 추구하도록 내버려 두면 사회가 혼란스러워져 여러 문제들이 생기게 됩니다. 따라서 사회의 질서를 유지하고 공동의 목표를 추구하기 위해서는 전체 국민들의 의지를 모아 법을 만들고 이 법을 통해 개인들의 욕구를 조정할 필요가 있다는 겁니다. 바로 이러한 필요에 의해 생겨난 것이 국가라는 거지요.

홉스의 주장

홉스는 자연 상태의 인간은 아주 이기적이고 경쟁적이어서 약육강식의 동물 세계와 비슷하다고 봤어요. 만약 인간에 대해 특별한 보호를 하지 않거나 통제를 하지 않고 자연 상태로 그냥 내버려 두면 투쟁에서 최종적으로 승리한 자에 의해 일시적으로는 질서가 유지되겠지만, 보다 강한 자가 나타나게 되면 이러한 질서도 곧 무너지고 만다는 거예요. 따라서 이러한 악순환으로부터 자신을 보호하기 위해서는 국가가 탄생하게 되었다는 것이지요.

로크의 주장

로크는 인간은 누구에게도 양보할 수 없는 소중한 권리(천부적 권리)를 가지고 태어난다고 봤어요. 하지만 자연 상태에서는 무질서와 혼돈으로 인해 천부적 권리를 지킬 수 없다는 거예요. 따라서 서로의 천부적 권리를 지키기 위해서는 강력한 보호가 필요해요. 그래서 이러한 필요성 때문에 국가가 생겨나게 되었다는 거예요. 한마디로 말하면 국가는 사회 계약의 산물이라는 것이지요.

그 외의 주장

이외에도 국가의 기원에 대한 주장은 아주 많아요. 대표적인 것으로는 원시 시대의 혈연 집단들이 커지고 합쳐져서 국가가 성립되었다는 주장이 있어요. 또 만물을 창조한 신에 의해 성립되었다는 주장도 있지요.

제6장 최선의 국가가 되기 위해 꼭 필요한 조건들

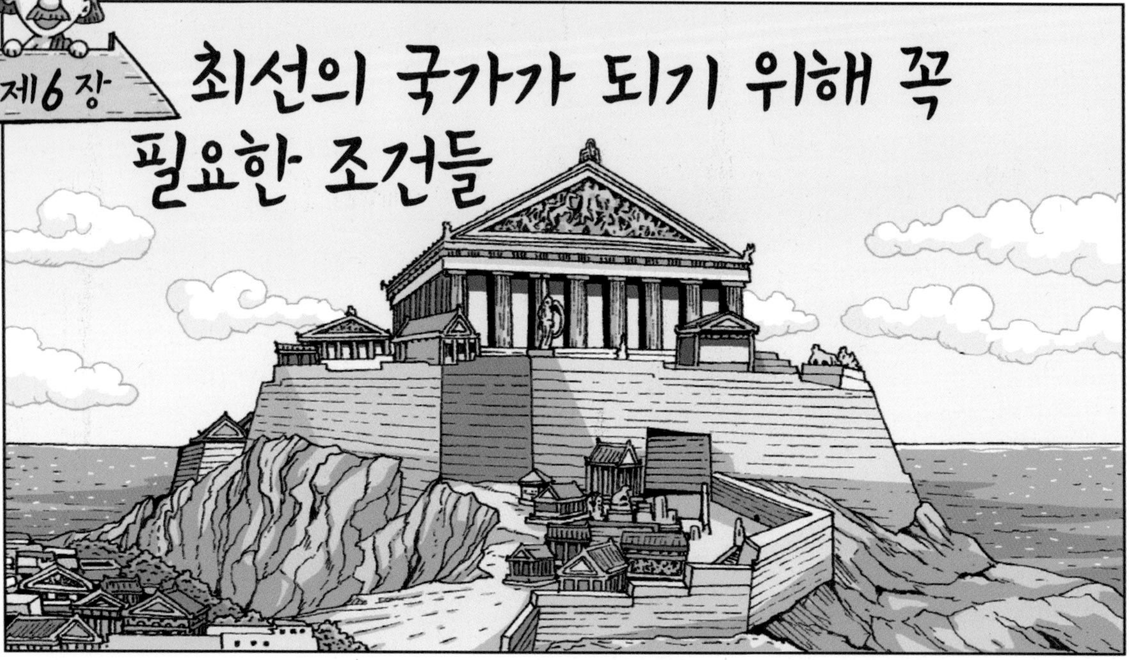

행복한 삶

아리스토텔레스는 최선의 국가가 무엇인지 알기 위해서는 최선의 삶(행복한 삶)이 무엇인지 알아야 한다고 했어.

왜냐하면 최선의 국가는 각 개인들의 최선의 삶(행복한 삶)을 보장해 주는 공동체이기 때문이지.

이 말은 '개인의 행복이 곧 국가의 행복'이라는 말과도 통해.
국가
행복
행복
행복
행복
행복

그렇다면 행복한 생활이란 뭘까?
행복

아리스토텔레스는 사람들은 각자 서로 다른 덕과 지혜가 있다고 봤어.
덕
지혜
덕
지혜

이건 지금 생각해도 맞는 얘기야.
그리고 그 덕을 얼마나 실천하느냐
100,000
그리고 얼마나 현명하게 행동하느냐에 따라 행복의 정도가 달라진다고 봤지.
기부천사
가수 김장훈씨
또한 덕과 지혜가 있기 때문에 정당하게 행동할 수 있는 거야.
덕
지혜
정당하게 행동해야 행복한 삶을 살 수 있는 것은 당연한 일이겠지?
행복한 삶
결국 최선의 삶이란 물질적인 여유를 바탕으로 하여 덕을 실행에 옮기는 삶이라는 거야.
감사합니다.
덕
한 국가에 살고 있는 사람들이 모두 이렇게만 생활한다면 얼마나 좋을까?
덕
덕
덕
덕
덕
덕
그러한 국가는 가장 행복한 국가가 될 텐데….
이게 바로 아리스토텔레스 생각의 핵심이야.
최선의 국가
최선의 삶
누구든 최선의 행동을 할 수 있고 행복하게 생활할 수 있도록 보장해 주는 국가가 바로 바람직한 국가라는 거지.

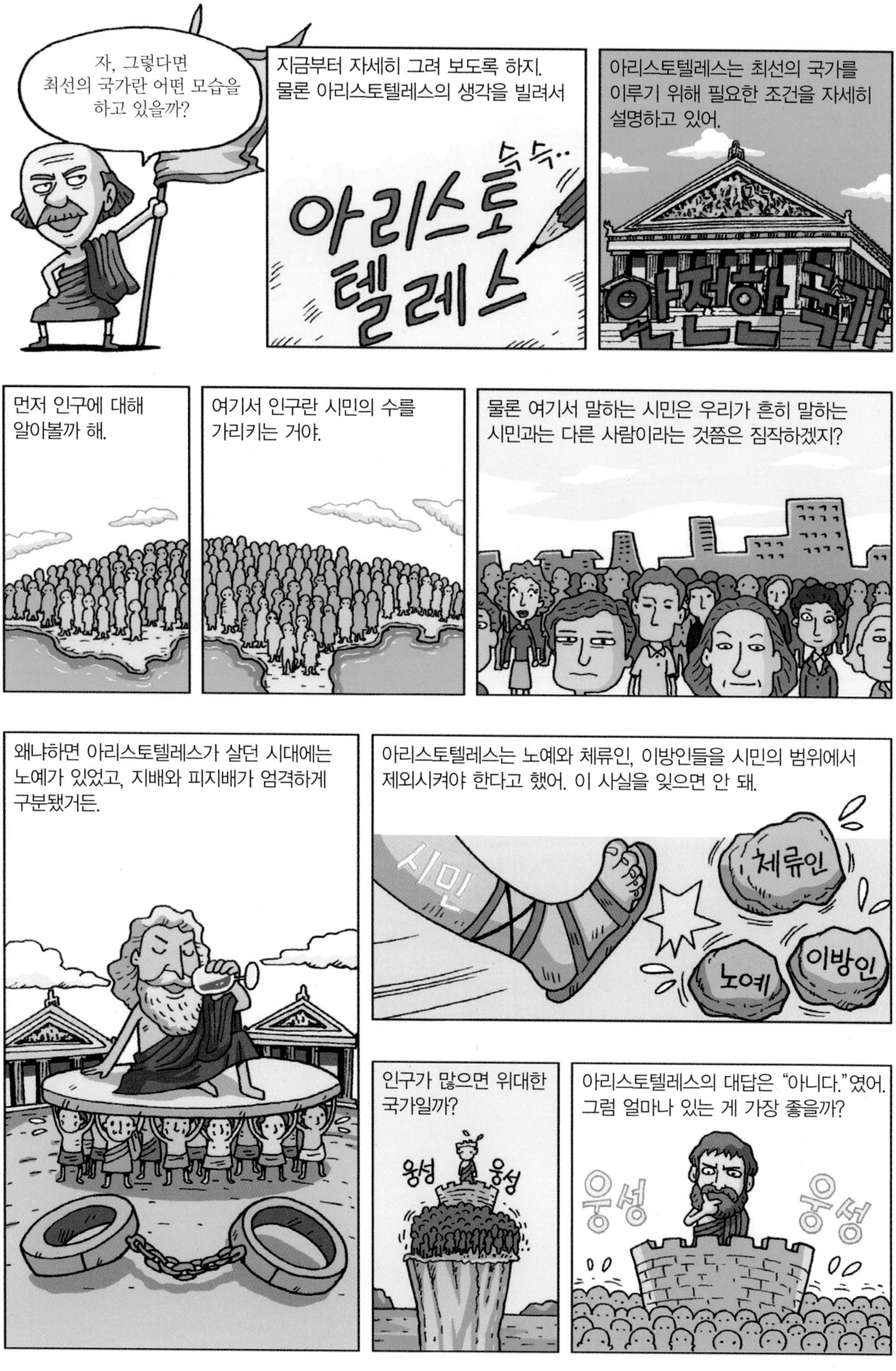
자, 그렇다면
최선의 국가란 어떤 모습을
하고 있을까?
지금부터 자세히 그려 보도록 하지.
물론 아리스토텔레스의 생각을 빌려서
슥슥..
아리스토텔레스
아리스토텔레스는 최선의 국가를
이루기 위해 필요한 조건을 자세히
설명하고 있어.
완전한 국가
먼저 인구에 대해
알아볼까 해.
여기서 인구란 시민의 수를
가리키는 거야.
물론 여기서 말하는 시민은 우리가 흔히 말하는
시민과는 다른 사람이라는 것쯤은 짐작하겠지?
왜냐하면 아리스토텔레스가 살던 시대에는
노예가 있었고, 지배와 피지배가 엄격하게
구분됐거든.
아리스토텔레스는 노예와 체류인, 이방인들을 시민의 범위에서
제외시켜야 한다고 했어. 이 사실을 잊으면 안 돼.
시민
체류인
노예
이방인
인구가 많으면 위대한
국가일까?
웅성
웅성
아리스토텔레스의 대답은 "아니다."였어.
그럼 얼마나 있는 게 가장 좋을까?
웅성
웅성

답은 간단해.
적당하게….
근데 적당하다는 게
어느 정도냐는 거지.
?
적당
적당
적당
아리스토텔레스는 배를 예로 들어 설명했어.
아주 작은 배가 있다고 생각해 봐. 너무
작아서 아무도 탈 수 없는 배 말이야.
반대로 엄청나게 큰 배가 있다고 치자. 너무 커서 움직일 수조차
없는 배 말이야.
이 둘은 분명 모양은 배지만
배라고 하기엔 좀 그렇지?
인구도 마찬가지라는 거야.
국가
인구가 너무 적으면 국가를 유지하는 데
필요한 것을 스스로 해결할 수 없게 돼.
문제
문제
문제
문제
문제
문제
국가란 모든 것을 스스로 충족하는
공동체라고 설명했던 거 기억나지?
문제
그러니까 인구가 너무 적어 국가 안에서 일어나는 문제를 스스로
해결할 수 없다면 국가라고 할 수 없겠지?
휘 이 잉-
국가

그렇다고 인구가 너무 많으면 조직적인 통제가 불가능하다는 거야.
빠방
그 당시는 교통수단이라고 해 봐야 가장 빠른 게 말이었을 테고,
마이크도, 전화도 없던 시절이었을 테니까 충분히 이해가 가는 이야기지.
010-6303-0000
그럼 도대체 가장 적당한 인구는 얼마라는 거야?
국가 유지에 필요한 모든 문제를 스스로 해결할 수 있을 정도는 되어야 해.
물론 조직적인 통치도 가능해야 해. 그건 기본이지.
이 두 가지 조건을 만족하는 최대의 수, 이게 바로 아리스토텔레스가 주장하는 적당한 인구의 규모야.
우리 해적의 적당한 인원수는 50명 정도…?
히히..
정확히 숫자로 얼마라고 하면 쉽게 이해될 텐데,
똑 부러지게 말하기는 곤란했던 모양이야.
그냥 적당히….
어쨌든 적당한 규모의 인구가 어느 정도인지 이해하는 데는 좀 도움이 되었겠지?

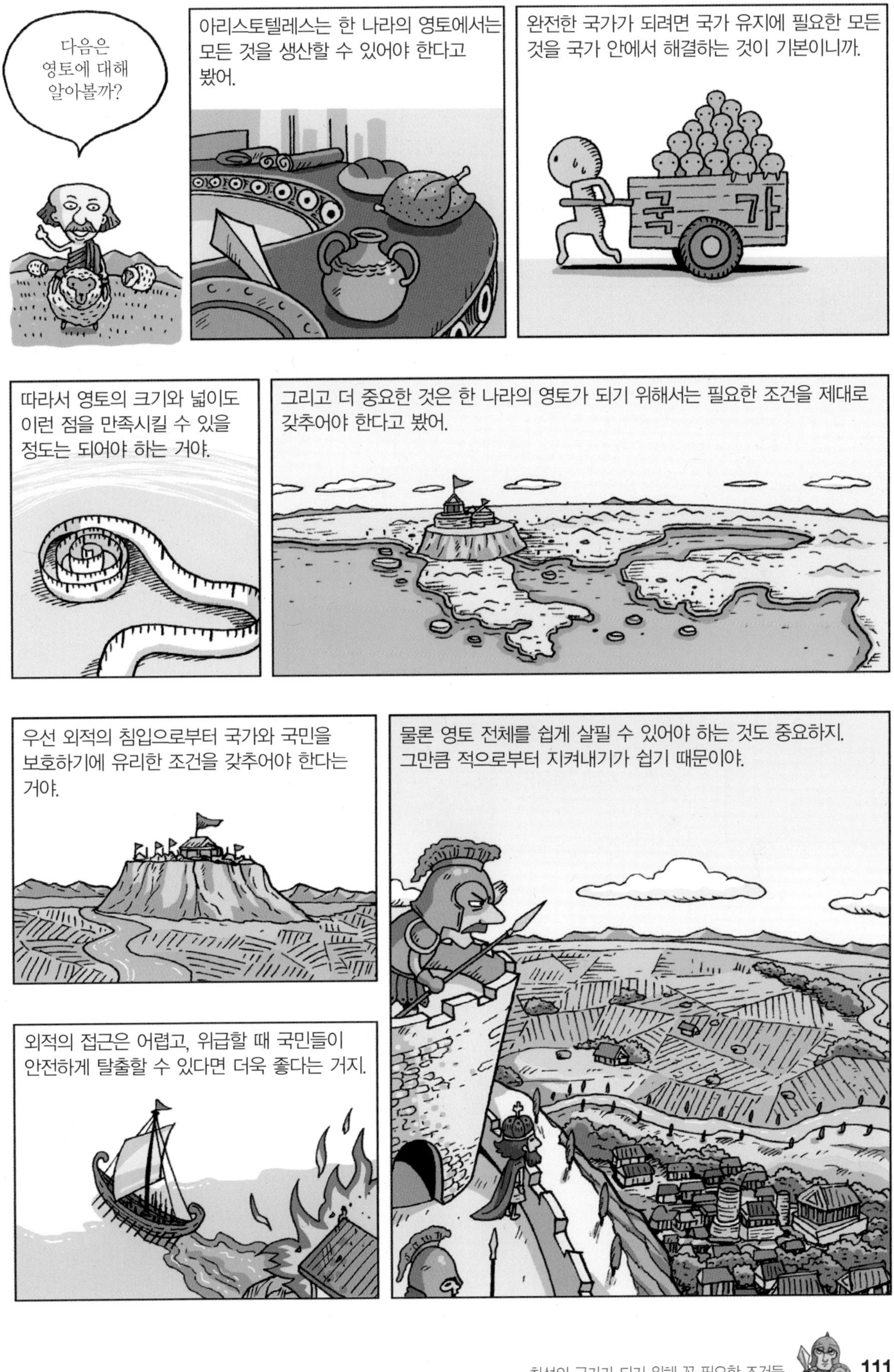
다음은 영토에 대해 알아볼까?
아리스토텔레스는 한 나라의 영토에서는 모든 것을 생산할 수 있어야 한다고 봤어.
완전한 국가가 되려면 국가 유지에 필요한 모든 것을 국가 안에서 해결하는 것이 기본이니까.
국가
따라서 영토의 크기와 넓이도 이런 점을 만족시킬 수 있을 정도는 되어야 하는 거야.
그리고 더 중요한 것은 한 나라의 영토가 되기 위해서는 필요한 조건을 제대로 갖추어야 한다고 봤어.
우선 외적의 침입으로부터 국가와 국민을 보호하기에 유리한 조건을 갖추어야 한다는 거야.
물론 영토 전체를 쉽게 살필 수 있어야 하는 것도 중요하지. 그만큼 적으로부터 지켜내기가 쉽기 때문이야.
외적의 접근은 어렵고, 위급할 때 국민들이 안전하게 탈출할 수 있다면 더욱 좋다는 거지.

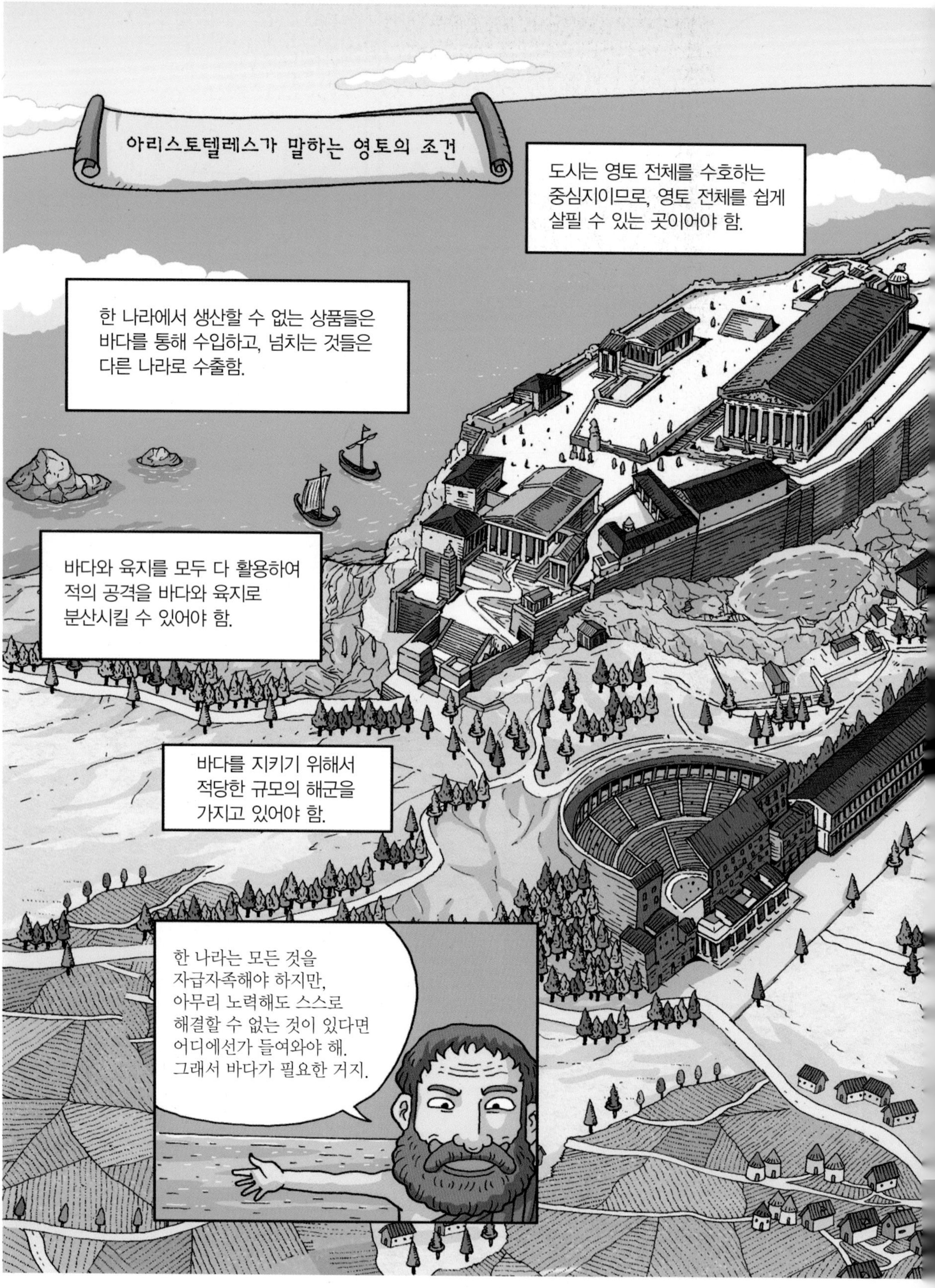
아리스토텔레스가 말하는 영토의 조건
도시는 영토 전체를 수호하는 중심지이므로, 영토 전체를 쉽게 살필 수 있는 곳이어야 함.
한 나라에서 생산할 수 없는 상품들은 바다를 통해 수입하고, 넘치는 것들은 다른 나라로 수출함.
바다와 육지를 모두 다 활용하여 적의 공격을 바다와 육지로 분산시킬 수 있어야 함.
바다를 지키기 위해서 적당한 규모의 해군을 가지고 있어야 함.
한 나라는 모든 것을 자급자족해야 하지만, 아무리 노력해도 스스로 해결할 수 없는 것이 있다면 어디에선가 들여와야 해. 그래서 바다가 필요한 거지.

바다를 잘 지배한 나라가 강대국이 된 사례는 역사적으로 많이 있어. 아리스토텔레스는 이 사실을 이미 오래전에 예언했다고 할 수 있지.
교통이 편리하여 영토 내에서 생산되는 생산물을 쉽게 운반할 수 있어야 함.
도시는 교통이 편리해야 적의 침입을 방어할 수 있는 물품들을 쉽게 확보할 수 있지!

이번에는 시민의 성격에 대한 아리스토텔레스의 생각을 살펴볼까?
시민
아리스토텔레스는 시민이란 지식과 용기를 가지고 있는 사람이라고 봤어.
어떤 사람은 지식이 뛰어나고
어떤 사람은 용기가 뛰어나고
또 어떤 사람들은 지식과 용기 모두 뛰어난 것처럼, 시민의 유형도 다양하다고 봤지.
용기
지식
그중에서 가장 바람직한 시민은 어떤 유형일까?
?
1
2
3
짐작한 대로 지식과 용기 모두 뛰어난 사람이야. 이런 사람들이야말로, 지배자가 덕으로 이끌어 가기에 적합한 사람들이라는 거지.
그런데 이러한 일들이 현실적으로 가능할까?
지식과 용기가 모두 뛰어난 사람들만 있다면 정말로 바람직한 국가가 되겠지.

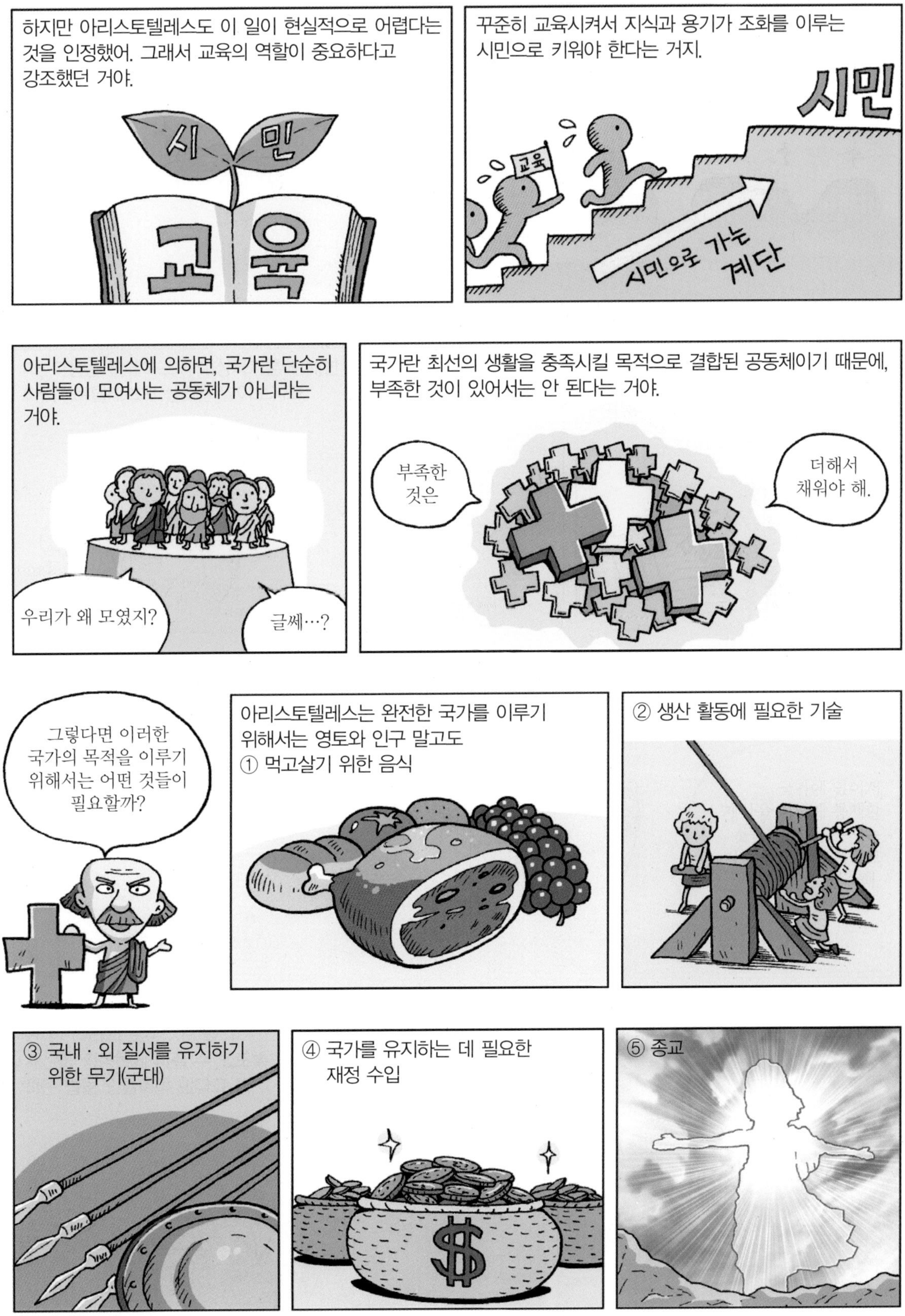
하지만 아리스토텔레스도 이 일이 현실적으로 어렵다는 것을 인정했어. 그래서 교육의 역할이 중요하다고 강조했던 거야.
시 민
교육
꾸준히 교육시켜서 지식과 용기가 조화를 이루는 시민으로 키워야 한다는 거지.
시민
교육
시민으로 가는 계단
아리스토텔레스에 의하면, 국가란 단순히 사람들이 모여사는 공동체가 아니라는 거야.
우리가 왜 모였지?
글쎄…?
국가란 최선의 생활을 충족시킬 목적으로 결합된 공동체이기 때문에, 부족한 것이 있어서는 안 된다는 거야.
부족한 것은
더해서 채워야 해.
그렇다면 이러한 국가의 목적을 이루기 위해서는 어떤 것들이 필요할까?
아리스토텔레스는 완전한 국가를 이루기 위해서는 영토와 인구 말고도
① 먹고살기 위한 음식
② 생산 활동에 필요한 기술
③ 국내 · 외 질서를 유지하기 위한 무기(군대)
④ 국가를 유지하는 데 필요한 재정 수입
⑤ 종교

⑥ 무엇이 정당한지 결정하는 권력.
이런 것들이 꼭 있어야 한다고 주장했지.
권력
그리고 각각 이러한 것들을 맡는 사람들도 있어야 해.
자, 그럼 어떤 사람들이 그런 역할을 맡는지 알아볼까?
우선 먹고살기 위한 음식은 누가 마련할까?
그래, 바로 농부야.
농부는 용기 없는 사람들 가운데서 뽑힌 노예가 담당해야 한다고 했어.
농부
덜덜
그래야 생산 활동에만 충실하고 말썽을 일으키지 않는다는 거지.
본분을 다하겠습니다.
예를 들면 혁명 같은 거 말이야.
다음으로 국가를 유지하는 데 필요한 상품들을 생산하고 유통시키기 위해 기술자와 노동자, 상인이 필요하다고 했어.
기술자
노동자
상인
그런데 이상한 것은 이들도 농부와 마찬가지로 한 국가의 시민이 되어서는 안 된다는 거야.
기술자
노동자
농부
상인

그들은 오로지 생산 활동에만 전념해야 한다는 거지.
기계처럼..
왜냐하면 시민은 국가를 위해 정치적 직무를 수행하고 덕을 발전시키기 위해 노력해야 하는데
덕
시민
시 민
그들은 그럴 능력도, 시간적 여유도 없다는 거야. 요즘 같아서는 어림도 없는 얘기지만….
깽!
그리고 나머지 역할을 담당하기 위해 전사와 평의원 계급, 성직자가 필요하다고 봤어.
이들이 바로 시민 계급이자 지배 계급임은 말할 필요도 없겠지?
노예
아리스토텔레스는 시민 계급을 크게 두 부류로 구분했어.
시 민 계 급
하나는 힘과 용기가 필요한 계급이고
투둑..
다른 하나는 지혜와 덕이 필요한 계급이지.
힘과 용기는 젊은 사람들에게 많고
지혜와 덕은 나이 든 사람들에게 많은 것이 자연의 섭리라고 했어.
덕
지혜
따라서 시민의 역할도 여기에 맞게 주어져야 한다는 거야.

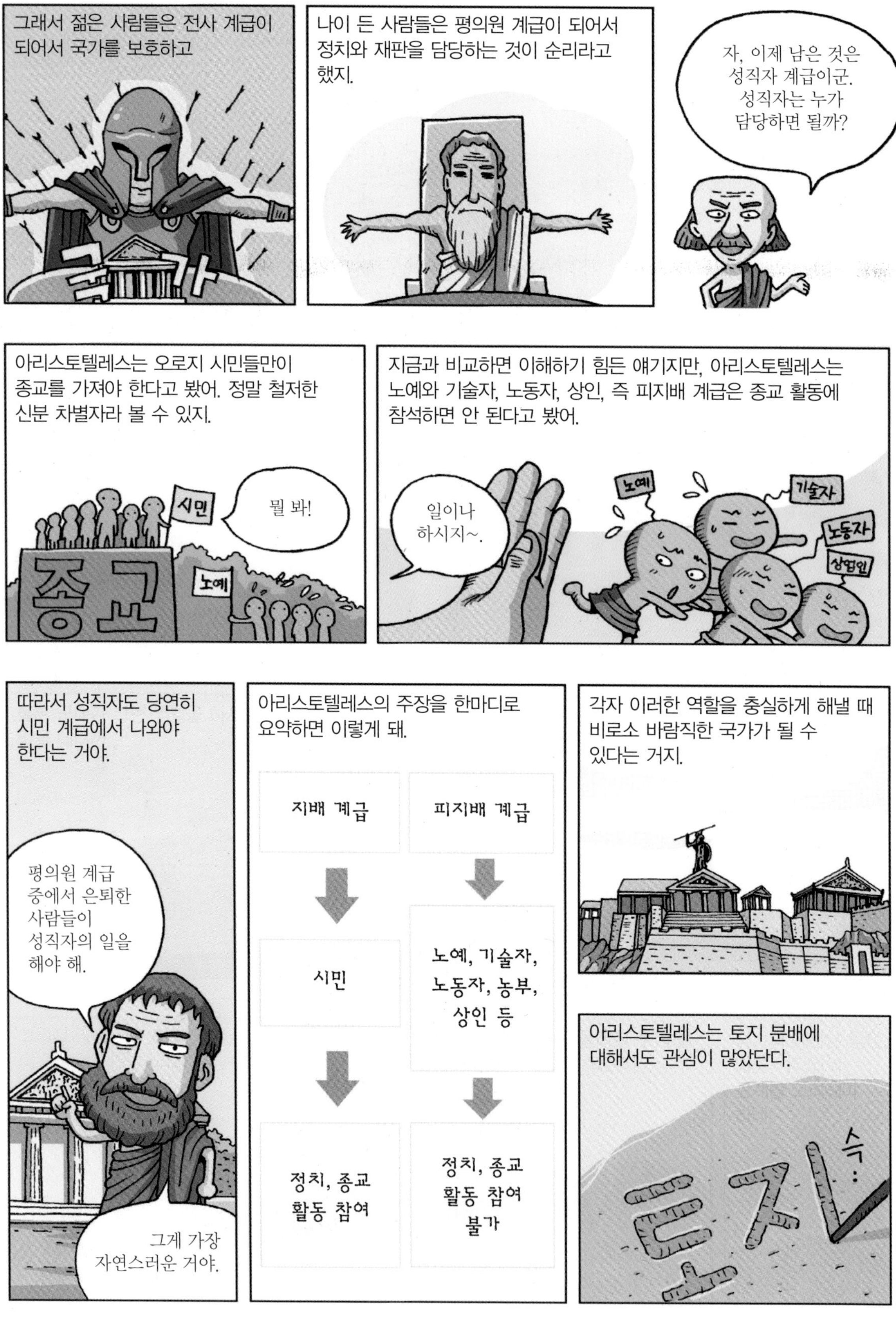
그래서 젊은 사람들은 전사 계급이 되어서 국가를 보호하고
국가
나이 든 사람들은 평의원 계급이 되어서 정치와 재판을 담당하는 것이 순리라고 했지.
자, 이제 남은 것은 성직자 계급이군. 성직자는 누가 담당하면 될까?
아리스토텔레스는 오로지 시민들만이 종교를 가져야 한다고 봤어. 정말 철저한 신분 차별자라 볼 수 있지.
시민
뭘 봐!
종교
노예
지금과 비교하면 이해하기 힘든 얘기지만, 아리스토텔레스는 노예와 기술자, 노동자, 상인, 즉 피지배 계급은 종교 활동에 참석하면 안 된다고 봤어.
일이나 하시지~.
노예
기술자
노동자
상업인
따라서 성직자도 당연히 시민 계급에서 나와야 한다는 거야.
평의원 계급 중에서 은퇴한 사람들이 성직자의 일을 해야 해.
그게 가장 자연스러운 거야.
아리스토텔레스의 주장을 한마디로 요약하면 이렇게 돼.
지배 계급
시민
정치, 종교 활동 참여
피지배 계급
노예, 기술자, 노동자, 농부, 상인 등
정치, 종교 활동 참여 불가
각자 이러한 역할을 충실하게 해낼 때 비로소 바람직한 국가가 될 수 있다는 거지.
아리스토텔레스는 토지 분배에 대해서도 관심이 많았단다.
토지
슥

그는 국가의 토지를 크게 개인(시민)의 사유지와 국가의 공유지로 구분했어.
사유지
공유지
사유지는 다시 도시 근처의 땅과 국경 부근의 땅으로 구분하고, 공평하게 나눠 줘야 한다고 주장했어.
사유지
도시 부근
국경 부근
그래야 불만을 없앨 수 있고 국가를 효율적으로 지킬 수 있다는 거지.
음~ 마음에 들어.
또한 종교 예배 비용과 국가 유지에 필요한 공동 경비를 충당하기 위해 공유지가 있어야 한다고 주장했어.
여기서 우리 노예들은 농사를 지었지.
아리스토텔레스는 도시의 위치, 건축 양식, 성벽 · 예배당 · 위병소 등의 위치를 아주 자세히 설명할 정도로 도시 계획 전문가였기도 했대.
설계도
너무 전문적인 얘기는 여기선 소개하지 않기로 할게.
지금까지 아리스토텔레스가 그리고 있는 가장 바람직한 국가의 모습에 대해 알아봤어.
한마디로 말하면 최선의 국가란 모든 사람들이 최선의 행동을 할 수 있고 가장 행복하게 생활할 수 있는 국가를 말하는 거야.
최선의 국가
그러기 위해 물질적인 풍요는 기본이고, 각자가 맡은 역할을 불만없이 충실하게 수행할 때, 이 목표는 자연스럽게 달성된다는 거지.
시민
농부
상인
노예
기술자
물론 신분 제도를 기본으로 하고 있다는 것을 잊어서는 안 돼.
신분 제도

넘쳐도 모자라도 곤란, 아리스토텔레스의 중용론

중용은 아리스토텔레스 윤리학의 중심 사상이에요. 윤리학의 핵심은 '어떻게 하면 행복한 삶을 살 수 있을까.' 하는 것이지요. 아리스토텔레스에 따르면, 행복한 삶이란 이성이 시키는 바에 따라 늘 노력하여 올바른 길을 선택할 때 가능하다는 것입니다. 그리고 이러한 노력과 행동이 바로 덕(德)이라는 것이지요.

아리스토텔레스는 덕은 하루아침에 길러지는 것이 아니라 끊임없이 노력하여 습관이 되었을 때 그 결과로 얻어지는 것이라고 했어요. 예를 들어 악기를 꾸준히 연주해야 훌륭한 연주자가 되는 것같이 절제 있는 행위를 반복해야만 절제 있게 되며, 용감한 행위를 반복해야만 용감하게 되는 것과 같은 거예요.

아리스토텔레스는 어떤 행위가 덕스러운 행위가 되려면 그 사람의 성품에서 자연스럽게 우러나와야 한다고 했어요. 부모의 간섭 때문에 억지로 나온 것이라면 그 행위는 덕스러운 행위가 아니라는 거예요. 그리고 이러한 덕은 넘치지도 모자라지도 않았을 때 잘 지켜질 수 있다고 봤어요. 이것은 마치 지나친 휴식이나 운동, 또는 부족한 음식이나 운동은 건강이나 체력을 약하게 만들지만 적당한 음식을 꾸준히 섭취하고 꾸준히 운동하면 건강이나 체력을 유지하는 데 훨씬 더 도움이 되는 것과 같은 이치라는 것이지요.

아리스토텔레스는 이 같은 원리가 용기나 절제와 같은 윤리적 덕에도 적용된다고 봤어요. 예를 들어 모든 것을 두려워할 때 겁쟁이가 되고, 위험하다는 것을 알면서도 두려워하지 않고 마구 뛰어들 때 무모한 사람이 되지요. 하지만 그 중간에 속했을 때 용기 있는 사람이 되는 것과 같아요. 또한 온갖 쾌락에 파묻혀 절제하지 못하면 방탕한 사람이 되고, 반대로 모든 쾌락을 피하기만 하면 무감각한 사람이 되어 버리지만 그 중간에 있을 때 절제하는 사람이 되는 것과 같지요. 그러므로 덕은 지나침이나 모자람의 경우에는 성립될 수 없으며 중간 입장을 취할 때 가능하다는 거예요. 그러나 이러한 중용의 입장을 취하는 것이 쉬운 일은 아니에요. 그래서 아리스토텔레스는 끊임없이 노력하여야 하며, 그것이 습관이 되고 나아가 한 사람의 성품이 될 때 자연스럽게 나타난다고 봤어요.

제7장 정치 체제에는 어떤 종류가 있을까?

아리스토텔레스가 생각하는 정치 체제는 어떤 것일까?
정치 체제
한 나라를 통치하기 위해 권력을 얻고
권력
그 권력을 유지하며 행사하는 모든 행동을 정치라고 해.
정치
그리고 그 권력을 어떻게 얻고, 어떻게 유지하며, 누가 행사할 것인지에 대한 기본을 정해 놓은 것을 정치 체제(정부)라 하지.
권력
혹시 정치가가 꿈인 사람들은 여기를 잘 공부해 두는 게 좋을 거야. 국가를 운영하는 방법이 들어 있거든.

아리스토텔레스는 우선 정치 체제가 정당하다고 인정 받으려면 두 가지 조건을 만족해야 한다고 했어.
바로 '공익의 원칙과 정의의 원칙' 이지.
공익의 원칙
정부
정의의 원칙
공익의 원칙이란 말이 무슨 뜻인지 생각해 보자고.
공익의 원칙
공익이란 쉽게 말해 공동의 이익이란 뜻이야.
共益
개인의 이익이 아니라 국가를 구성하고 있는 시민 모두에게 이익이 돼야 한다는 뜻이지.
그렇다면 일반 시민 모두에게 이익이 돼야 한다는 말은 무슨 뜻일까?
이익
모두가 같은 월급을 받고, 같은 혜택을 받아야 한다는 뜻일까?
꼭 그렇지는 않아.
아리스토텔레스는 이렇게 설명했어.
정치 체제가 정당하려면 구성원들이 맡은 역할과 기능을 최대한 잘 발휘할 수 있도록 도와줘야 해요.
그런 정치 체제야말로 공익을 위하는 것이니까요!
즉, 지배자 개인의 욕심만을 앞세우는 정치 체제는 곤란하다는 거야.
히히..
그건 지금도 변함없는 진리야!

다음은 정의의 원칙에 대해 알아볼까?
정의의 원칙
정의란 무엇일까?
올바르고 정당한 것!
그럼 정치 체제가 올바른 것이라고 인정 받으려면 어떡해야 할까?
힘세고 똑똑하고 가진 것이 많은 한 사람이나 몇몇 소수의 사람들이 자신의 생각대로만 정치 체제를 만든다면 어떨까?
너 같은 사람 말이지?
그럼 누구나 다 정당하다고 인정할까?
배고프고 못 배운 것들은 사라!
하하하..
신이 만든다면 모를까, 아마 이런 경우는 허점투성일 거야.
왜 모두 나를 싫어하지?
사람들은 힘에 눌려 인정할지 몰라도 속으로는 불만이 아주 많겠지.
내 말 들어!
으악~
다수의 사람들이 불만을 가진다면 결코 정당한 정치 체제는 아니지.
그렇다면 결론은 간단해. 시민 모두가 동의하는 원칙에 따라 정치 체제를 만들면 되지.
찬성
찬성
찬성
찬성
찬성
시민 모두가 동의하는 원칙? 그게 뭘까?
원
칙

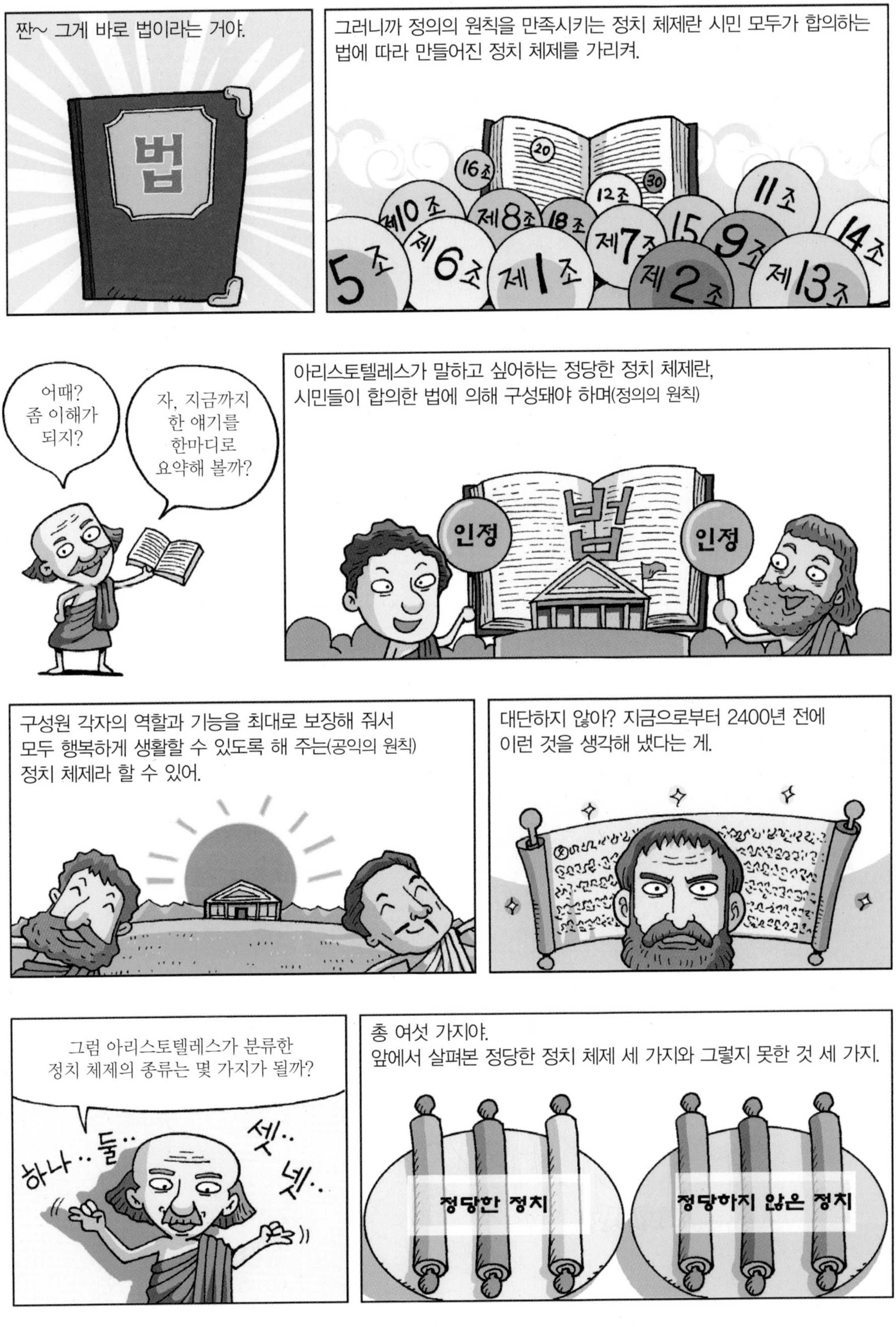
짠~ 그게 바로 법이라는 거야.
법
그러니까 정의의 원칙을 만족시키는 정치 체제란 시민 모두가 합의하는 법에 따라 만들어진 정치 체제를 가리켜.
16조
20
12조
30
11조
제10조
제8조
18조
제7조
15
9조
14조
5조
제6조
제1조
제2조
제13조
어때? 좀 이해가 되지?
자, 지금까지 한 얘기를 한마디로 요약해 볼까?
아리스토텔레스가 말하고 싶어하는 정당한 정치 체제란, 시민들이 합의한 법에 의해 구성돼야 하며(정의의 원칙)
인정
법
인정
구성원 각자의 역할과 기능을 최대로 보장해 줘서 모두 행복하게 생활할 수 있도록 해 주는(공익의 원칙) 정치 체제라 할 수 있어.
대단하지 않아? 지금으로부터 2400년 전에 이런 것을 생각해 냈다는 게.
그럼 아리스토텔레스가 분류한 정치 체제의 종류는 몇 가지가 될까?
하나.. 둘.. 셋.. 넷..
총 여섯 가지야.
앞에서 살펴본 정당한 정치 체제 세 가지와 그렇지 못한 것 세 가지.
정당한 정치
정당하지 않은 정치

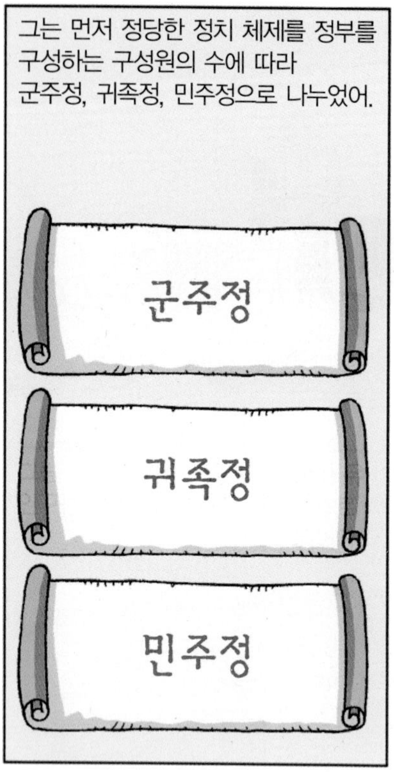
그는 먼저 정당한 정치 체제를 정부를 구성하는 구성원의 수에 따라 군주정, 귀족정, 민주정으로 나누었어.
군주정
귀족정
민주정

그리고 이 세 가지 정치 체제가 앞의 두 가지 조건을 만족하지 못하면 군주정은 참주정으로, 귀족정은 과두정으로, 민주정은 빈민정으로 변한다고 했어.
정치 체제
군주정 → 참주정
귀족정 → 과두정
민주정 → 빈민정

그러니까 군주정, 귀족정, 민주정은 바람직한 정치 체제이고 참주정, 과두정, 빈민정은 바람직하지 못한 정치 체제라는 거지.
군주정
귀족정
민주정
참주정
과두정
빈민정

이 내용을 쉽게 이해하려면, 아리스토텔레스가 인정하는 지배자의 모습이 어떤 것인지 먼저 알아보는 게 필요해.

당연한 얘기겠지만, 아리스토텔레스는 아무나 지배자가 돼서는 안 된다고 봤어.

그럼 어떤 사람이 지배자가 돼야 할까? 힘센 사람? 돈 많은 사람? 아니면 인기 있는 사람?

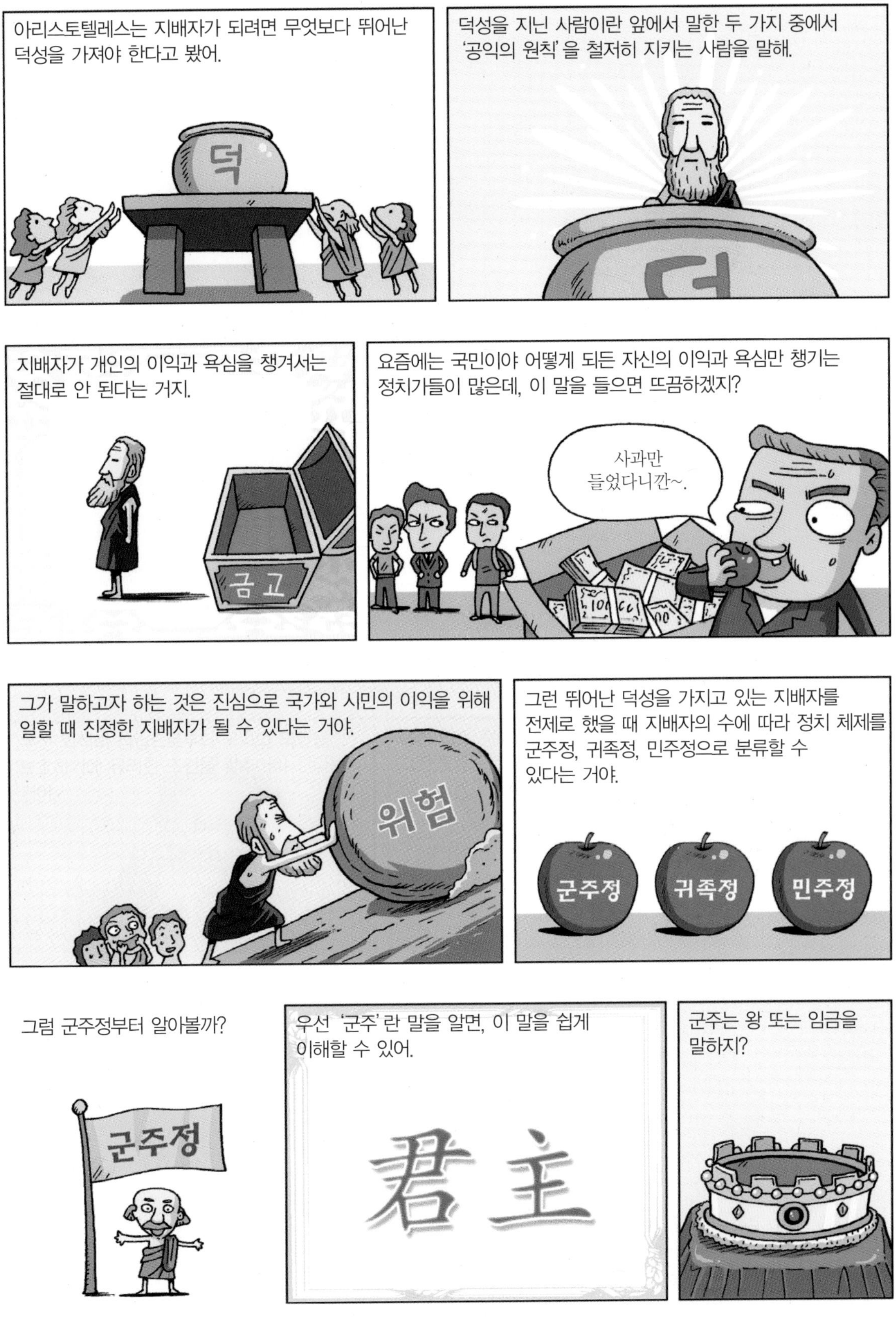
아리스토텔레스는 지배자가 되려면 무엇보다 뛰어난 덕성을 가져야 한다고 봤어.
덕
덕성을 지닌 사람이란 앞에서 말한 두 가지 중에서 '공익의 원칙'을 철저히 지키는 사람을 말해.
덕
지배자가 개인의 이익과 욕심을 챙겨서는 절대로 안 된다는 거지.
금고
요즘에는 국민이야 어떻게 되든 자신의 이익과 욕심만 챙기는 정치가들이 많은데, 이 말을 들으면 뜨끔하겠지?
사과만 들었다니깐~.
그가 말하고자 하는 것은 진심으로 국가와 시민의 이익을 위해 일할 때 진정한 지배자가 될 수 있다는 거야.
위험
그런 뛰어난 덕성을 가지고 있는 지배자를 전제로 했을 때 지배자의 수에 따라 정치 체제를 군주정, 귀족정, 민주정으로 분류할 수 있다는 거야.
군주정
귀족정
민주정
그럼 군주정부터 알아볼까?
군주정
우선 '군주'란 말을 알면, 이 말을 쉽게 이해할 수 있어.
君主
군주는 왕 또는 임금을 말하지?

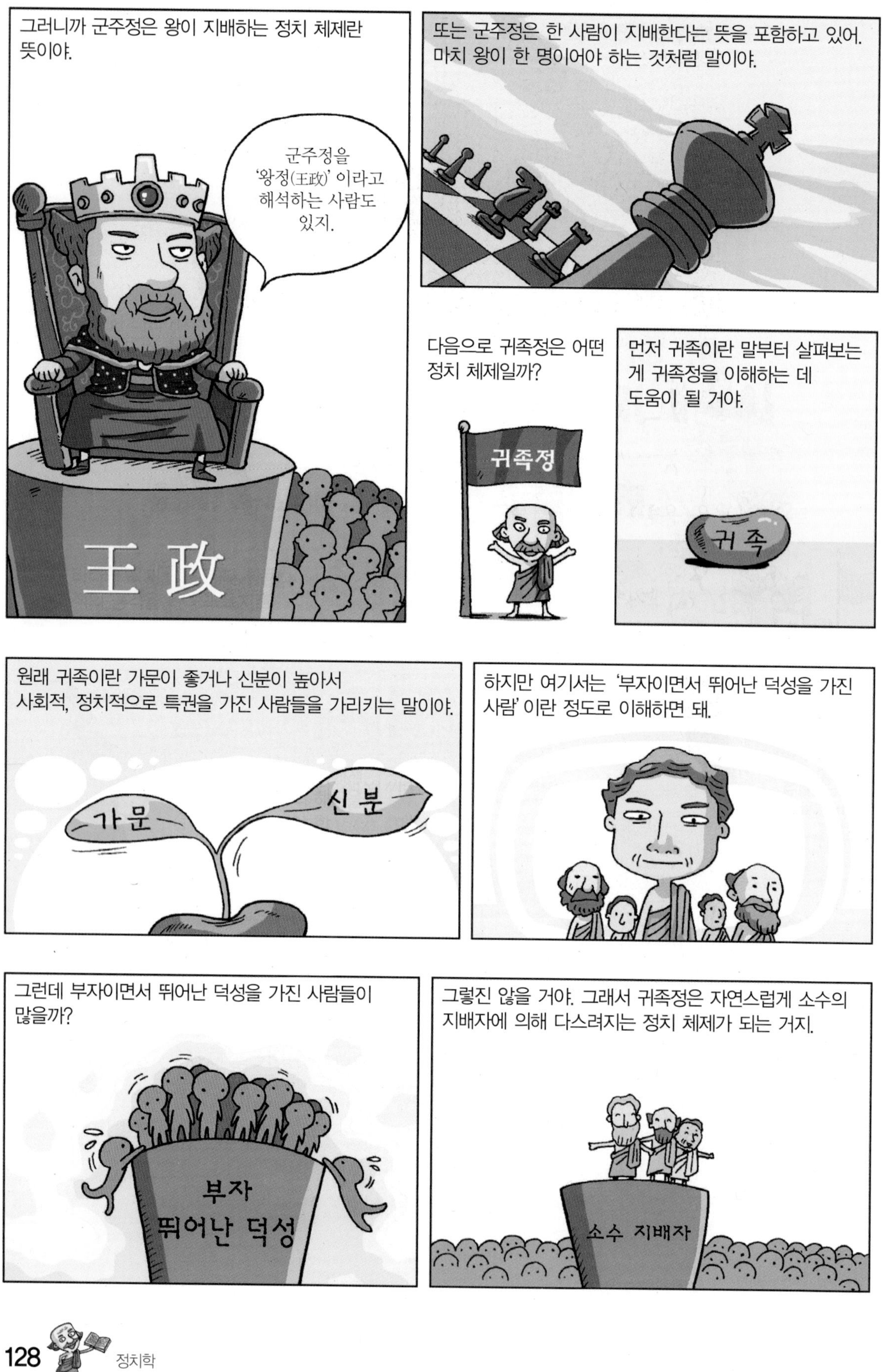
그러니까 군주정은 왕이 지배하는 정치 체제란 뜻이야.
군주정을 '왕정(王政)' 이라고 해석하는 사람도 있지.
王 政
또는 군주정은 한 사람이 지배한다는 뜻을 포함하고 있어. 마치 왕이 한 명이어야 하는 것처럼 말이야.
다음으로 귀족정은 어떤 정치 체제일까?
귀족정
먼저 귀족이란 말부터 살펴보는 게 귀족정을 이해하는 데 도움이 될 거야.
귀족
원래 귀족이란 가문이 좋거나 신분이 높아서 사회적, 정치적으로 특권을 가진 사람들을 가리키는 말이야.
가문
신분
하지만 여기서는 '부자이면서 뛰어난 덕성을 가진 사람' 이란 정도로 이해하면 돼.
그런데 부자이면서 뛰어난 덕성을 가진 사람들이 많을까?
부자
뛰어난 덕성
그렇진 않을 거야. 그래서 귀족정은 자연스럽게 소수의 지배자에 의해 다스려지는 정치 체제가 되는 거지.
소수 지배자

마지막으로 민주정에 대해
알아볼게.

이미 짐작했겠지만, 민주정은 다수가 지배하는 정치 체제야. 즉 시민들 대부분이 공동의 이익을 위해서 국가를 운영하는 체제라고 할 수 있지.

여기서 놓치지 말아야 할 게 있어. 민주정은 시민 대부분이 정치에 직접 참여하는 직접 민주 정치의 형태를 띠고 있다는 거야.

그러니까 많은 사람들이 한자리에 모여 국가의 중요한 일을 직접 결정하고 집행하는 거지.

그런데 만약 국가의 중요한 일을 결정하는 데 합의된 약속이나 절차, 법칙이나 질서가 없다면 어떻게 될까?

아마도 엄청난 혼란이 생기겠지? 결국 국가의 중요한 일은 결정하지도 못할 거고.

아리스토텔레스는 민주정이 올바른 정치 체제가 되기 위해서는 반드시 시민들 모두가 합의한 약속에 의해서 운영돼야 한다고 봤어.

그래서 민주정을 특별히 '법치적 민주정' 또는 '입헌정'이라고 부르기도 해. 모두가 법의 중요성을 강조한 거라고 보면 되지.
법치적 민주정!
입헌정!
이상 살펴본 세 가지 정치 체제는 모두 정당한 정치 체제야.
군주정
귀족정
민주정
정당한 정치 체제
지배자들이 개인의 이익이 아니라 공공의 이익을 위해 일하는 정당한 정치 체제라는 거지.
시민의 발이 되어 열심히 뛰겠습니다.
이런 정치 체제에서는 구성원들 모두 자신의 역할과 기능을 충분하게 발휘할 수 있어. 그래서 행복한 삶을 살 수 있다는 거야.
으샤
행복
으샤
결국 아리스토텔레스는 몇 명이 지배하느냐는 중요한 게 아니라고 봤어.
그것은 정체 체제를 구분하는 데만 필요한 겁니다.
중요한 것은 공익을 위하는 정치 체제인가, 아닌가 하는 거죠.
그러나 아리스토텔레스는 공익을 위하는 최고의 덕성을 가진 사람이 지배자가 돼도 변할 수 있다고 봤어.
만약 지배자가 공공의 이익을 위하지 않고 자신의 이익과 욕심만 챙긴다면
앞에서 말한 세 가지 정치 체제는 각각 참주정, 과두정, 빈민정으로 변하고 만다고 봤어. 다시 말해 돌연변이가 되는 거지.

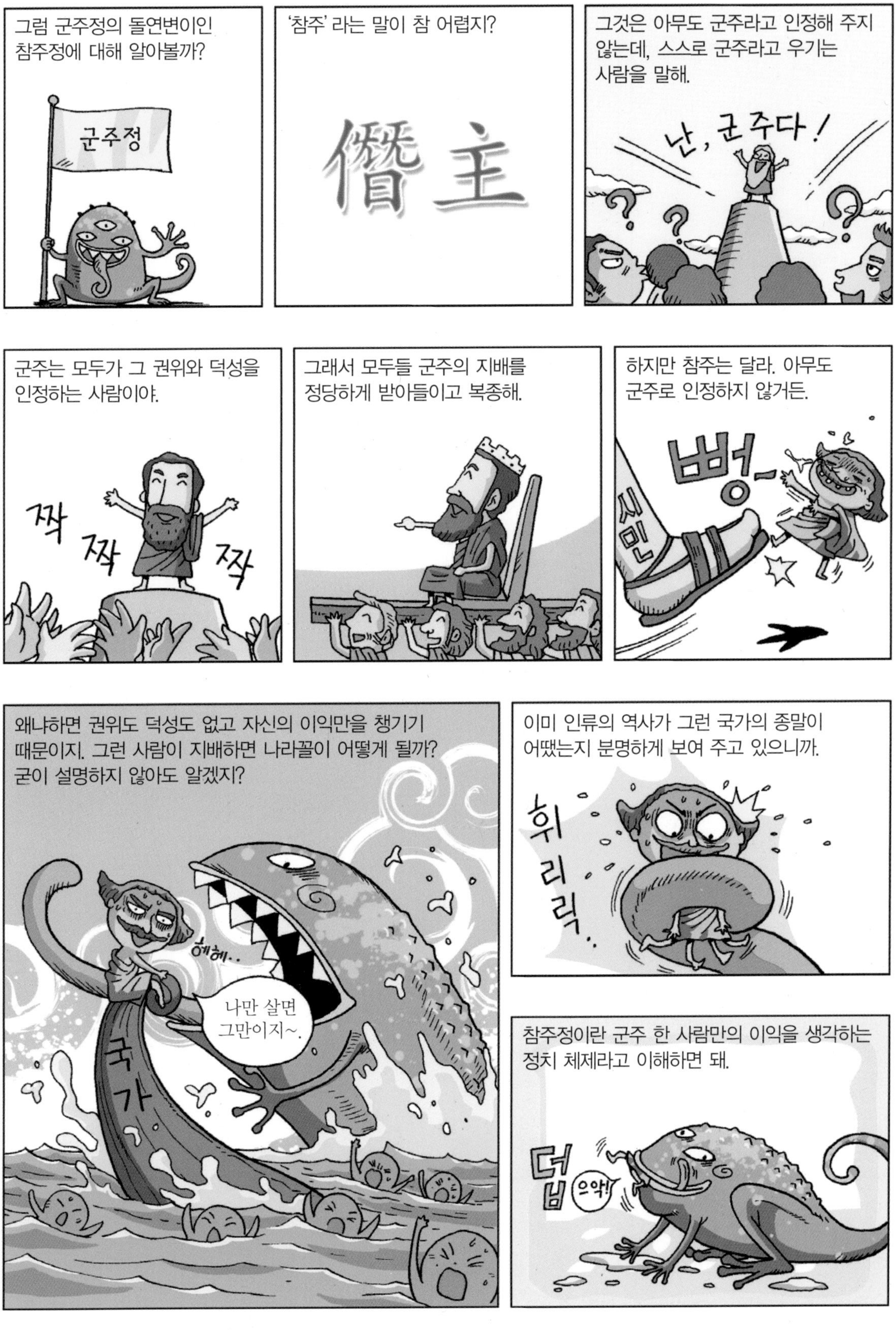

그럼 군주정의 돌연변이인 참주정에 대해 알아볼까?
군주정
'참주' 라는 말이 참 어렵지?
僭主
그것은 아무도 군주라고 인정해 주지 않는데, 스스로 군주라고 우기는 사람을 말해.
난, 군주다!
군주는 모두가 그 권위와 덕성을 인정하는 사람이야.
짝 짝 짝
그래서 모두들 군주의 지배를 정당하게 받아들이고 복종해.
하지만 참주는 달라. 아무도 군주로 인정하지 않거든.
시민
뻥~
왜냐하면 권위도 덕성도 없고 자신의 이익만을 챙기기 때문이지. 그런 사람이 지배하면 나라꼴이 어떻게 될까? 굳이 설명하지 않아도 알겠지?
헤헤..
나만 살면 그만이지~.
국가
이미 인류의 역사가 그런 국가의 종말이 어땠는지 분명하게 보여 주고 있으니까.
휘리릭..
참주정이란 군주 한 사람만의 이익을 생각하는 정치 체제라고 이해하면 돼.
덥
으악!

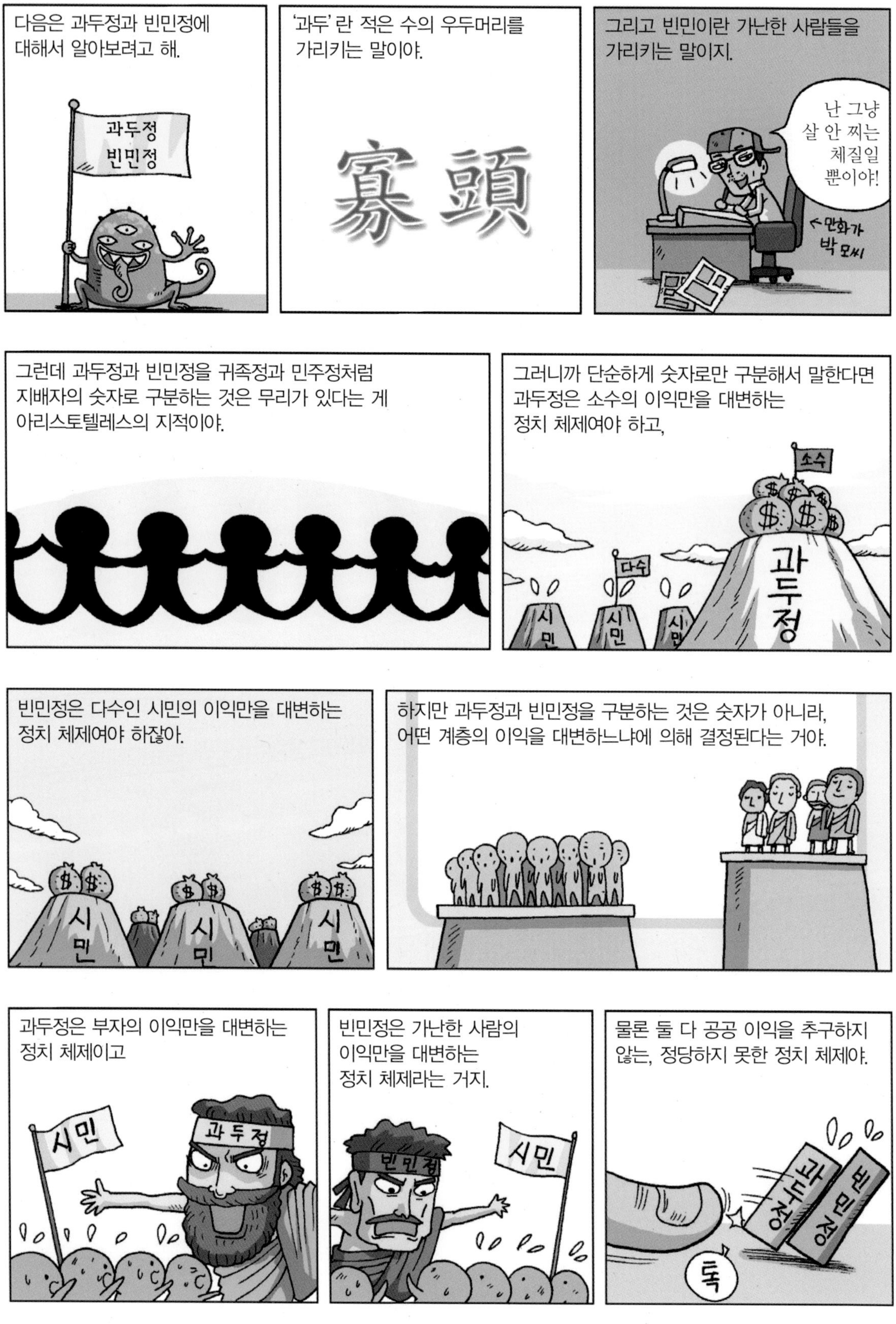
다음은 과두정과 빈민정에 대해서 알아보려고 해.
과두정 빈민정
'과두'란 적은 수의 우두머리를 가리키는 말이야.
寡頭
그리고 빈민이란 가난한 사람들을 가리키는 말이지.
난 그냥 살 안 찌는 체질일 뿐이야!
←만화가 박 모씨
그런데 과두정과 빈민정을 귀족정과 민주정처럼 지배자의 숫자로 구분하는 것은 무리가 있다는 게 아리스토텔레스의 지적이야.
그러니까 단순하게 숫자로만 구분해서 말한다면 과두정은 소수의 이익만을 대변하는 정치 체제여야 하고,
소수
다수
시민
과두정
빈민정은 다수인 시민의 이익만을 대변하는 정치 체제여야 하잖아.
시민
하지만 과두정과 빈민정을 구분하는 것은 숫자가 아니라, 어떤 계층의 이익을 대변하느냐에 의해 결정된다는 거야.
과두정은 부자의 이익만을 대변하는 정치 체제이고
시민
과두정
빈민정은 가난한 사람의 이익만을 대변하는 정치 체제라는 거지.
빈민정
시민
물론 둘 다 공공 이익을 추구하지 않는, 정당하지 못한 정치 체제야.
과두정
빈민정
툭

그런데 왜 과두정과 빈민정을 구분할 때 마치 지배자의 수를 가지고 구분하는 것처럼 느껴질까?

톡
톡
톡
톡

그건 현실이 그렇기 때문이라는 거야. 실제로 부자는 소수이고 가난한 사람은 다수이기 때문이라는 거지.

빈민
부자

하지만 엄격하게 따지면 과두정과 빈민정을 구분하는 데 있어서 숫자는 아무런 상관이 없다는 주장이야.

수는 필요없어?

다만, 현실을 무시할 수 없으므로 귀족정이 과두정으로, 민주정이 빈민정으로 돌연변이가 된다는 것은 인정해도 된다는 거지.

빈민정
과두정

지금까지 살펴본 아리스토텔레스의 생각을 요약하면, 가장 바람직한 정치 체제란 지배자의 수에 의해서 결정되는 것이 아니라, 구성원들이 자신의 역할과 기능을 최대한 발휘할 수 있게 공공의 이익을 위한 정치를 펼치느냐 그렇지 않느냐에 따라 결정된다는 거지.

그러니까 이 여섯 가지 정치 체제 중에서 어떤 것이 가장 바람직한 정치 체제인지 가려내는 것은 큰 의미가 없어.
군주정
귀족정
민주정
참주정
과두정
빈민정

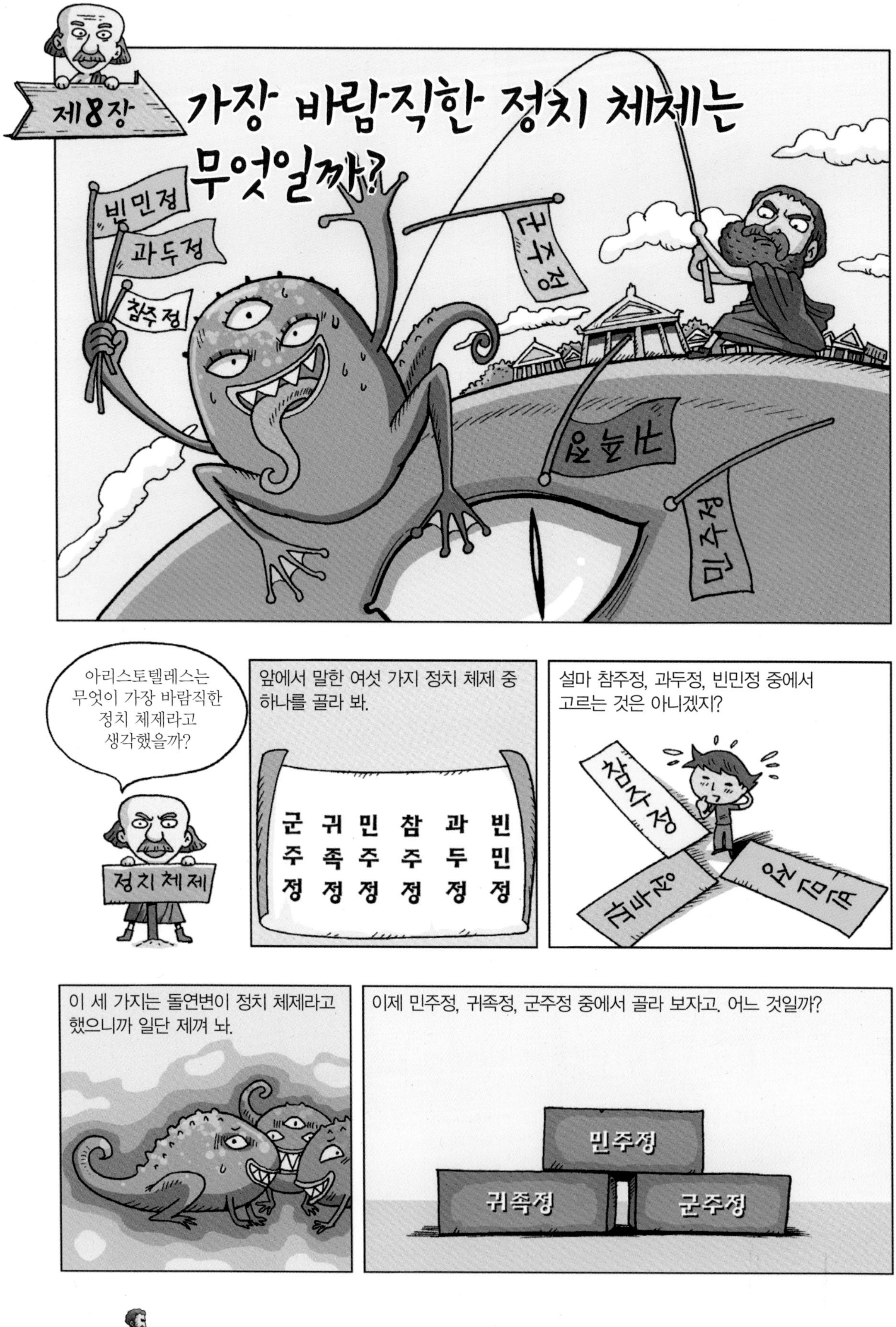

제8장
가장 바람직한 정치 체제는 무엇일까?
빈민정
과두정
참주정
군주정
귀족정
민주정
아리스토텔레스는 무엇이 가장 바람직한 정치 체제라고 생각했을까?
정치 체제
앞에서 말한 여섯 가지 정치 체제 중 하나를 골라 봐.
군주정 귀족정 민주정 참주정 과두정 빈민정
설마 참주정, 과두정, 빈민정 중에서 고르는 것은 아니겠지?
참주정
과두정
빈민정
이 세 가지는 돌연변이 정치 체제라고 했으니까 일단 제껴 놔.
이제 민주정, 귀족정, 군주정 중에서 골라 보자고. 어느 것일까?
민주정
귀족정
군주정

정답부터 말하면 바로 민주정이야.
민주정
그런데 여기서 주의할 것이 있어. 아리스토텔레스는 어느 것이 가장 바람직한 정치 체제라고 꼬집어 말한 적은 없어.
우리가 그의 생각이나 주장에서 짐작하는 거지.
그럼 과연 우리의 짐작이 맞는 걸까?
그걸 검증하려면 아리스토텔레스의 생각을 자세히 살펴봐야겠지?
아리스토텔레스는 무엇이든 지나치게 넘치거나 모자라는 것을 싫어했어.
늘 중간에 있는 게 제일 좋다고 했지.
예를 들어 돈이 지나치게 많은 것도 좋지 않으며
또 지나치게 가난한 것도 좋지 않다는 거야.
꼬르륵
돈이 지나치게 많은 사람들은 교만해져 다른 사람을 무시하기 쉽고
흥!
팅
권위에 복종할 줄도 모른다는 거지.
끙 끙
권위

또 가난한 사람은 그 반대라는 거야.
땡강
한 푼 줍쇼~.
그러니까 생활의 여유를 가질 만큼만 재산을 갖고 있는 게 가장 바람직하다는 거지.
저를 말씀하시는 건지…?
한마디로 넘치지도 모자라지도 않은 적절한 상태를 가장 바람직하다고 봤어.
이런 상태를 좀 어려운 말로 '중용'이라고 해.
中庸
아리스토텔레스는 사람이 모든 면에서 중용을 지킬 때 행복한 생활을 할 수 있다고 봤어.
아~ 푸르른 날이여….
그리고 그것은 국가도 마찬가지라는 거야.
이런 생각을 새겨 두고 다음 설명을 들으면 훨씬 쉽게 이해할 수 있을 거야.
아리스토텔레스는 모든 국가에는 세 가지 계급(물론 이건 시민을 가리키는 거야.)이 있다고 했어.

이 중에서 아리스토텔레스가 가장 바람직한 계급이라고 한 것은 무엇일까?
부자계급
중간계급
빈민계급
쉽지? 짐작한 대로 중간 계급이야. 넘치지도 모자라지도 않는 중간 계급.
그게 바로 아리스토텔레스가 가장 바람직하다고 인정하는 계급이지.
부자계급
빈민계급
아리스토텔레스는 아주 아름답거나 힘이 세거나
돈이 많거나 가문이 좋거나 똑똑한 사람은 그리 좋게 보지 않았어.
어때, 우리 생각하고는 좀 다르지?
그러게…
얼굴이 예쁘고 날씬한 사람들, 재산이 넉넉하여 하고 싶은 것을 맘껏 할 수 있는 사람들, 부모 잘 만나서 일하지 않아도 먹고살 수 있는 사람들, 공부를 잘해서 일류대학에 가는 사람들.
우리들이 부러워하는 사람들 아닐까? 하지만 그의 생각은 달랐어.
이런 사람들은 교만하고 난폭해져서 무서운 범죄자가 될 가능성이 크다고 봤지.

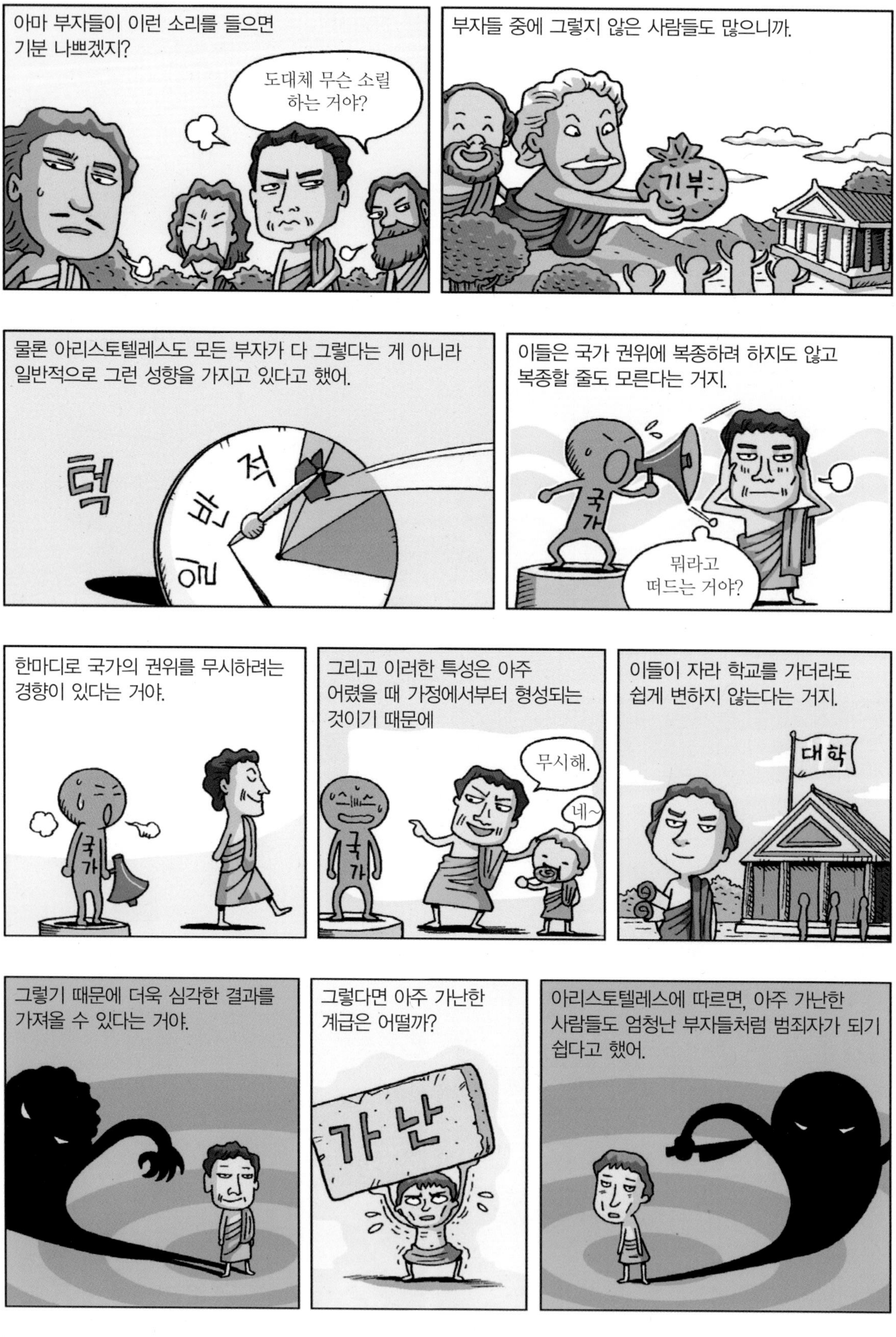
아마 부자들이 이런 소리를 들으면
기분 나쁘겠지?
도대체 무슨 소릴 하는 거야?
부자들 중에 그렇지 않은 사람들도 많으니까.
기부
물론 아리스토텔레스도 모든 부자가 다 그렇다는 게 아니라
일반적으로 그런 성향을 가지고 있다고 했어.
턱
일반적
이들은 국가 권위에 복종하려 하지도 않고
복종할 줄도 모른다는 거지.
국가
뭐라고 떠드는 거야?
한마디로 국가의 권위를 무시하려는
경향이 있다는 거야.
국가
그리고 이러한 특성은 아주
어렸을 때 가정에서부터 형성되는
것이기 때문에
무시해.
네~
국가
이들이 자라 학교를 가더라도
쉽게 변하지 않는다는 거지.
대학
그렇기 때문에 더욱 심각한 결과를
가져올 수 있다는 거야.
그렇다면 아주 가난한
계급은 어떨까?
가난
아리스토텔레스에 따르면, 아주 가난한
사람들도 엄청난 부자들처럼 범죄자가 되기
쉽다고 했어.

그들은 부자와는 정반대의 이유로 심각한 문제를 보인다는 거지.
가진 것이 워낙 없기 때문에 악한이 되거나 불량배가 될 가능성이 크다고 봤어.
크아
물론 가난한 사람들이 들으면 화낼 얘기지만…. 가난하다고 다 불량배가 되는 것은 아니거든.
노력
더욱 노력해서 나 같은 사람을 도우며 살자!
형 멋져!
또한 아주 가난한 사람들은 자기 주장을 제대로 펼치지 못하고 소심해지기 쉽다고 했어.
그들은 먹고사는 문제에 가장 큰 관심을 보이며, 다른 문제에는 별 관심이 없다는 거야.
정치에 참여하려면 여유로운 삶이 필수 조건인데, 그들은 전혀 그렇지 못하다는 거지.
먹고살기도 바빠 죽겠구먼.
우걱.. 우걱..
그래서 노예와 같이 지배를 받아들일 줄밖에 모른다는 거야.
친하게 지내자!
그래
빈민
노예
한마디로 엄청나게 부자든 아주 가난한 사람들이든 국가의 지배 계급이 돼서는 곤란하다는 거지.
부자
권력 쟁탈전
빈민
왜냐하면 부자들도 복종을 모르고 지배하려고만 하고
부자! 부자!

가난한 사람들은 정치엔 관심이 없고 먹고사는 문제에만 관심을 가지기 때문에, 국가를 위한 공동체 정신을 기대할 수 없다는 거야.
빈민! 빈민!
더구나 두 계급은 상대방을 이해하고 존중하려 하지 않는다는 거지.
권력 쟁탈전
헉 헉…
헉 헉…
오히려 서로를 원수처럼 생각할 수도 있어.
으르릉…
따라서 두 계급 중의 하나가 지배자가 되는 것은 심각한 문제를 가져올 수 있다는 거야.
챙 챙 챙 챙
예를 들어 부자들이 지배자가 됐다고 가정해 봐.
아싸!
가난한 사람들은 어떻게 행동할까? 물론 처음에는 복종할 거야.
분부만 내려 주십시오.
하지만 시간이 지나도 빈곤 문제가 해결되지 않으면 어떻게 할까?
찍 찍
그래도 참고 복종하기만 할까? 아닐 거야. 불만이 쌓이면 결국 폭발하고 마는 거지.

아마 힘을 합쳐 부자들을 몰아내려고 할 거야.
그럼 이걸 아는 부자들은 당하고만 있을까?
소곤 소곤 소곤 소곤
두고 보자!
지배자가 되는 순간부터 아주 무섭고 폭력적인 방법으로 가난한 사람들을 다스릴 거야. 아예 반항하려는 마음이 생기지 않도록!
촥 촥 촥
그렇게 되면 가난한 사람들은 더욱 힘을 합칠 거고, 악순환은 계속되지.
이런 국가가 바람직하지 않다는 것은 어린애도 다 알 거야.
저는 잘 모르겠는데요?
졸지 말랬지!!
이런 학생은 꼭 있다!
이제 왜 부자와 가난한 자가 지배자가 되면 안 된다는 아리스토텔레스의 생각을 이해할 수 있겠지?
그렇다면 어떤 계급이 지배자가 돼야 할까? 당연하지 않겠어?
샥
세 가지 계급 중 남아 있는 게 중간 계급이야.
중간 계급

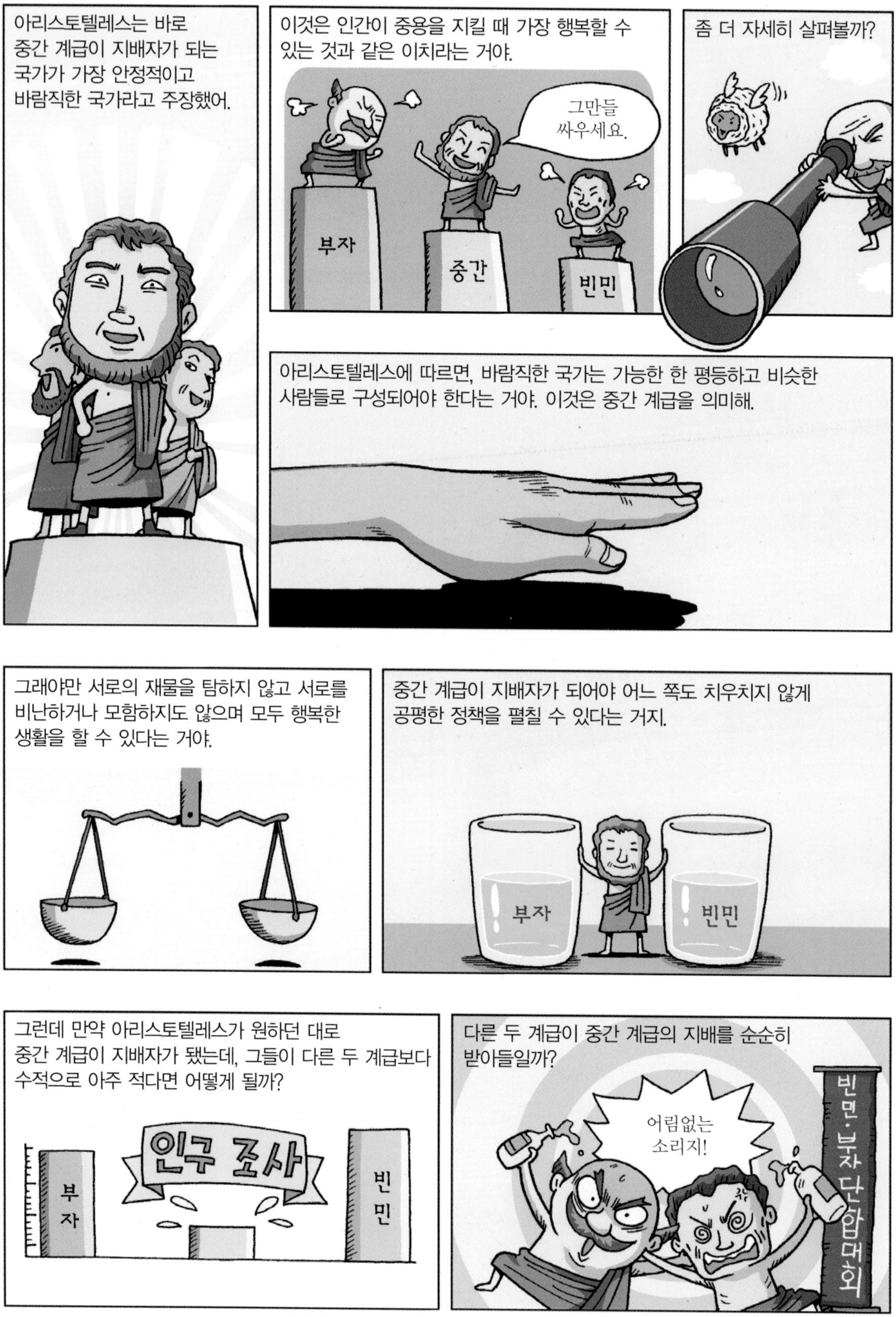

아리스토텔레스는 바로 중간 계급이 지배자가 되는 국가가 가장 안정적이고 바람직한 국가라고 주장했어.
이것은 인간이 중용을 지킬 때 가장 행복할 수 있는 것과 같은 이치라는 거야.
그만들 싸우세요.
부자
중간
빈민
좀 더 자세히 살펴볼까?
아리스토텔레스에 따르면, 바람직한 국가는 가능한 한 평등하고 비슷한 사람들로 구성되어야 한다는 거야. 이것은 중간 계급을 의미해.
그래야만 서로의 재물을 탐하지 않고 서로를 비난하거나 모함하지도 않으며 모두 행복한 생활을 할 수 있다는 거야.
중간 계급이 지배자가 되어야 어느 쪽도 치우치지 않게 공평한 정책을 펼칠 수 있다는 거지.
부자
빈민
그런데 만약 아리스토텔레스가 원하던 대로 중간 계급이 지배자가 됐는데, 그들이 다른 두 계급보다 수적으로 아주 적다면 어떻게 될까?
인구 조사
부자
빈민
다른 두 계급이 중간 계급의 지배를 순순히 받아들일까?
어림없는 소리지!
빈민·부자 단합대회

아마 모르긴 해도 두 계급 중 더 강력한 세력이 중간 계급을 밀어내고 그 자리를 차지하지 않을까?
단합 대회는 무슨…!!
크르릉~
손님 계산은 어느 분이…?
그렇게 되면 앞에서 살펴봤던 악순환이 또 다시 반복될 테고, 결국 국가는 망하고 말겠지.
자폭
어떻게 하면 이런 사태를 막을 수 있을까?
아주 간단해. 그는 중간 계급이 지배하는 것은 물론이고, 수적으로 다른 두 계급보다 월등히 우세해야 한다고 주장했어.
우세
그래야만 다른 계급 사이에 일어나는 분쟁을 예방하고 조정자의 역할을 훌륭하게 해낼 수 있다는 거지.
삑~
삑~
또 중간 계급이 훌륭한 조정자의 역할을 해내기 위해서는 작은 국가보다 큰 국가가 유리하다고 봤어.
큰 국가일수록 중간 계급의 숫자가 많기 때문이지.
중간계급
작은 국가는 대부분 부자나 가난한 자로 나눠지기 쉽다는 거지.
흥!
부자
가난

그러면 국가가 얼마나 커야 원하는 만큼 중간 계급을 가질 수 있을까?
국가
안타깝게도 아리스토텔레스는 이 부분에 대해서 구체적으로 설명한 적이 없어.
…
다만 우리는 이렇게 생각해 볼 수 있을 거야.
아리스토텔레스가 말하는 큰 국가란 외형적으로만 큰 국가가 아니라 부유하고 강한 국가를 포함하는 거 같아. 요즘 말로 하면 '선진국'을 원했다고 보면 될 거야.
선진국에서는 대부분의 국민들이 잘 살 수 있잖아? 그래서 중간 계급(중산층)도 많을 거고.
반면 후진국에서는 중간 계급(중산층)이 거의 없고 부자와 가난한 자들로 크게 구분되는 것처럼.
부자
빈민

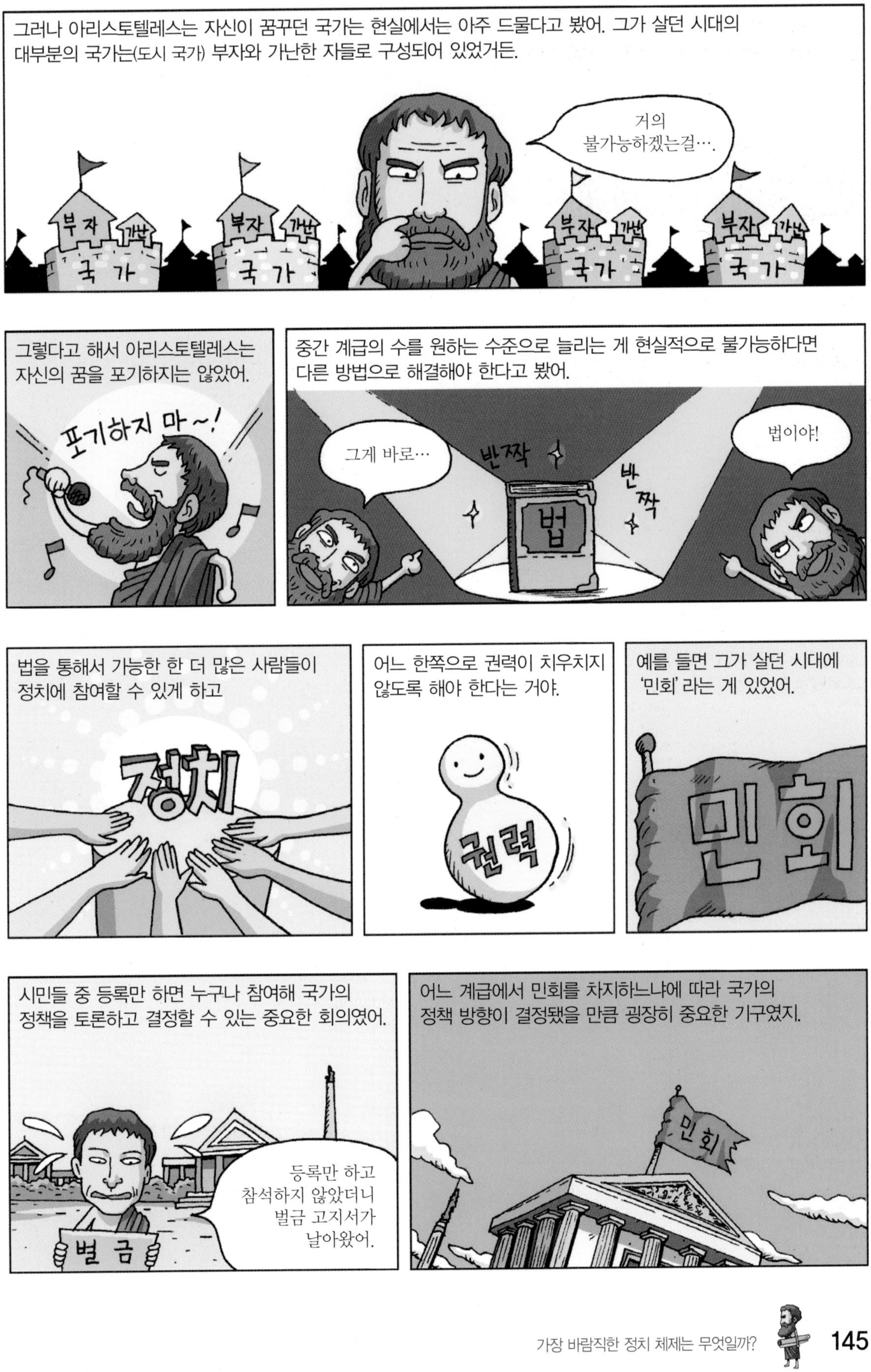
그러나 아리스토텔레스는 자신이 꿈꾸던 국가는 현실에서는 아주 드물다고 봤어. 그가 살던 시대의 대부분의 국가는(도시 국가) 부자와 가난한 자들로 구성되어 있었거든.
거의 불가능하겠는걸….
부자
가난
국가
부자
가난
국가
부자
가난
국가
부자
가난
국가
그렇다고 해서 아리스토텔레스는 자신의 꿈을 포기하지는 않았어.
포기하지 마~!
중간 계급의 수를 원하는 수준으로 늘리는 게 현실적으로 불가능하다면 다른 방법으로 해결해야 한다고 봤어.
그게 바로…
반짝
반짝
법
법이야!
법을 통해서 가능한 한 더 많은 사람들이 정치에 참여할 수 있게 하고
정치
어느 한쪽으로 권력이 치우치지 않도록 해야 한다는 거야.
권력
예를 들면 그가 살던 시대에 '민회'라는 게 있었어.
민회
시민들 중 등록만 하면 누구나 참여해 국가의 정책을 토론하고 결정할 수 있는 중요한 회의였어.
등록만 하고 참석하지 않았더니 벌금 고지서가 날아왔어.
벌금
어느 계급에서 민회를 차지하느냐에 따라 국가의 정책 방향이 결정됐을 만큼 굉장히 중요한 기구였지.
민회

만약 부자들이 민회에 관한 법을 만든다고 가정해 봐.
법
부자
그들은 등록하고 참석하지 않은 사람에게 벌금을 물릴 때, 부자들에게만 과중한 벌금을 물리는 법을 만들 거야.
땅 땅 땅
벌금
벌금
벌금
그렇게 하면 자연스럽게 부자들의 참여율은 높아지고 가난한 사람들의 참여율은 적어지지.
민회
한편으로는 가난한 사람들로 하여금 과중한 벌금 때문에 스스로 등록을 포기하게 만들겠다는 거야.
등록해 보시지?
크헉
민회
벌금
그럼 가난한 사람들이 법을 만든다면 어떻게 할까?
법
빈민
그들은 벌금을 없애는 대신, 민회에 참석하는 가난한 사람들에게만 수당을 지급하도록 법을 만들 거야.
민회
그렇게 되면 벌금으로부터 자유로워진 부자들은 골치 아픈 민회에 참석하지 않게 되고
흥~ 잘들 해 보라지!
민회
자연스럽게 가난한 사람들의 수를 늘릴 수 있겠지.
와 와 와
민회

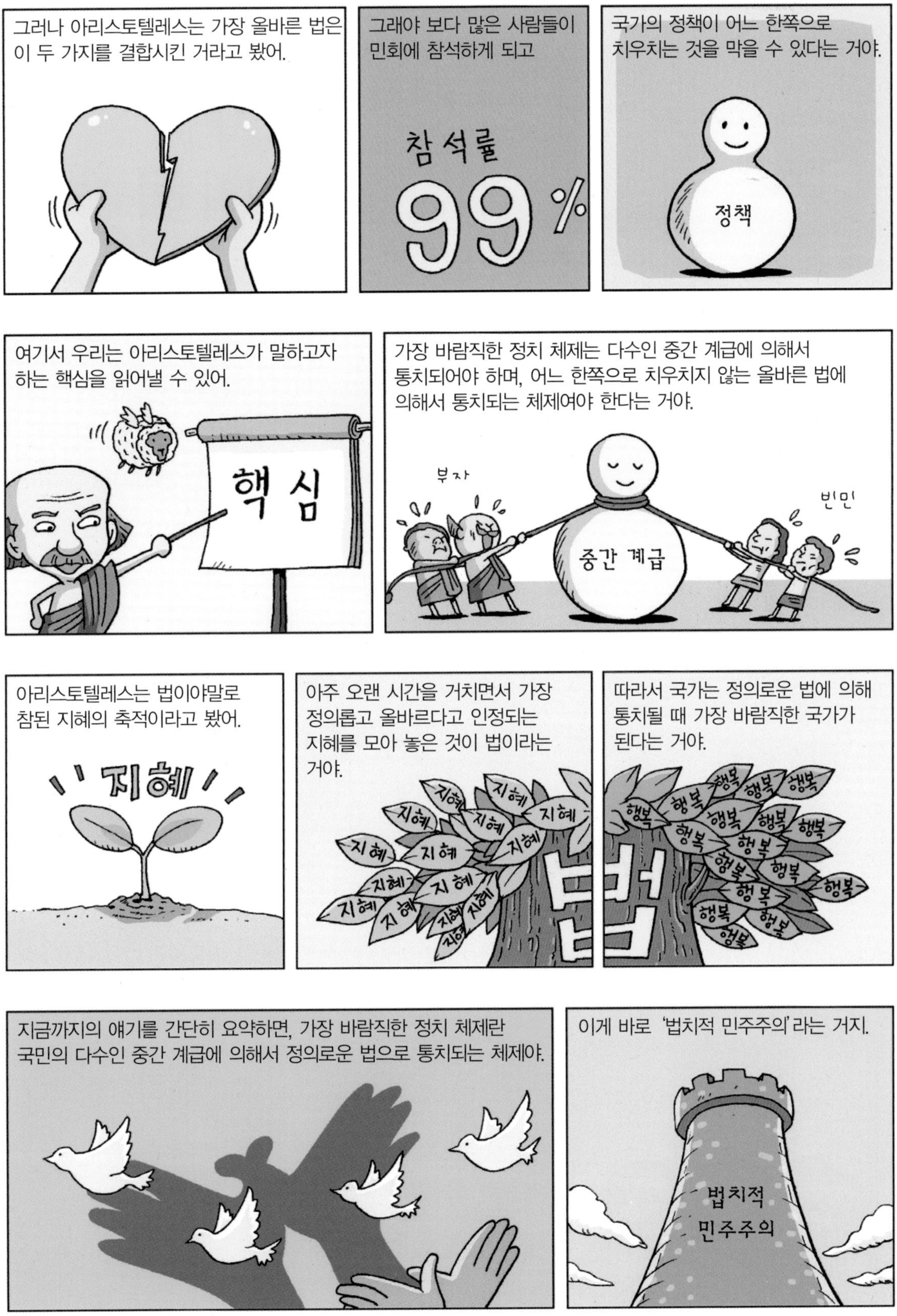
그러나 아리스토텔레스는 가장 올바른 법은 이 두 가지를 결합시킨 거라고 봤어.
그래야 보다 많은 사람들이 민회에 참석하게 되고
참석률
99%
국가의 정책이 어느 한쪽으로 치우치는 것을 막을 수 있다는 거야.
정책
여기서 우리는 아리스토텔레스가 말하고자 하는 핵심을 읽어낼 수 있어.
핵심
가장 바람직한 정치 체제는 다수인 중간 계급에 의해서 통치되어야 하며, 어느 한쪽으로 치우치지 않는 올바른 법에 의해서 통치되는 체제여야 한다는 거야.
부자
빈민
중간 계급
아리스토텔레스는 법이야말로 참된 지혜의 축적이라고 봤어.
지혜
아주 오랜 시간을 거치면서 가장 정의롭고 올바르다고 인정되는 지혜를 모아 놓은 것이 법이라는 거야.
따라서 국가는 정의로운 법에 의해 통치될 때 가장 바람직한 국가가 된다는 거야.
법
지금까지의 얘기를 간단히 요약하면, 가장 바람직한 정치 체제란 국민의 다수인 중간 계급에 의해서 정의로운 법으로 통치되는 체제야.
이게 바로 '법치적 민주주의'라는 거지.
법치적
민주주의

최고의 의사결정 기구, 민회

민회는 그리스 역사 전 기간을 거쳐 존재했던 최고의 의결 기구입니다. 이러한 민회는 각각의 폴리스들이 어떠한 정치 체제를 택하고 있느냐에 따라 조금씩 위상이 달랐어요. 군주정을 채택하는 폴리스의 경우, 초기에는 군주가 민회의 결정을 무시하는 경우도 있었지만, 차차 민회의 권한이 강화되면서 민회의 결정을 받아들이게 되었어요. 또한 귀족정이나 과두정의 경우에는 민회에 참석할 수 있는 사람들이 출신 성분이나 재산을 가진 정도에 따라 제한되었기 때문에 상대적으로 그 위상이 약했어요. 하지만 민주정이 실시되고 있는 아테네형 폴리스에서는 민회야말로 국가의 중요한 일을 결정하는 최고의 의결 기관이었어요.

스파르타의 민회, 아펠라

아펠라의 월례 회의에는 30세 이상의 남자 시민만 참석할 수 있었어요. 처음에는 군주가 회의를 진행했으며, 나중에는 집정관(에포로스)이 진행했어요.

아펠라는 국가 정책에 대해 새로운 제안을 발의할 권한은 없었어요. 다만 집정관이나 원로 회의에서 발의한 안건을 검토하는 역할을 했을 뿐이지요. 민회에 발의된 안건은 토론을 거쳐 표결로 처리되었는데, 토론에 참여할 수 있는 사람은 군주와 원로 집정관 및 그 밖의 행정관들로 제한되어 있었고 시민들은 표결에만 참여할 수 있었어요. 여기서 재미있는 사실은 표결 방식이에요. 표결 방식이 함성의 크기

에 따라 결정되었다고 하니 정말 스파르타답다고 해야 하나요?

아펠라에서 다루는 문제는 왕위 계승에 관한 문제, 다른 나라와의 조약 체결과 평화 선언, 전쟁 선포와 같은 중요한 국가 정책뿐만 아니라, 군 지휘관을 임명하고 국가원로 회의에 참석할 원로와 집정관을 선출하고, 발의된 법령개정안에 대하여 찬반 투표를 하는 것 등 아주 다양했어요.

아테네의 민회, 에클레시아

에클레시아의 정기 회의에는 18세 이상의 남자 시민이면 누구나 참석할 수 있었어요. 에클레시아도 시민들이 직접 정책을 발의할 수는 없었어요. 정책을 제안하고 발의하는 것은 입법회의(불레)의 고유 권한이었어요. 불레가 정책을 발의하면 모든 구성원이 참여할 수 있는 토론을 거쳐 다수결로 결정했어요. 이때 주로 사용되던 방법은 요즘처럼 간단하게 손을 들거나 항아리 속에 투표용 조가비를 넣어 자신의 의견을 표시했대요. 하지만 이렇게 중요한 기구인데도 시민들의 참석은 그렇게 적극적이지 않았나 봐요. 의결 정족수(약 6,000명)를 채우지 못하는 경우가 종종 있었고, 그것을 방지하고 민회 참석을 장려하기 위해 참석자들에게 일당을 지급했다는 기록이 있지요. 아테네의 민회는 처음에는 아고라에서, 다음에는 푸니쿠스 언덕에서, 기원전 4세기 이후에는 디오니소스 극장에서 개최되었어요. 이른 아침부터 개회하여 보통 연 40회(그 밖에 임시회도 있었음.) 정도 열렸다는 기록도 있어요.

제9장 혁명은 왜 일어나는가?

우선 본격적인 얘기를 하기에 앞서 혁명이라는 말에 대해 알아볼 필요가 있어.
혁명

《국어사전》에서 찾아 보면 혁명은 '아주 급격한 변화'를 뜻하는 말이야.
혁명 : 아주 급격한 변화

이것을 정치에 적용시키면 어떤 뜻이 될까?
정치
혁명

여러 가지 방법으로 기존의 정치 체제를 급격하게 변화시키는 것을 말하는 거야.

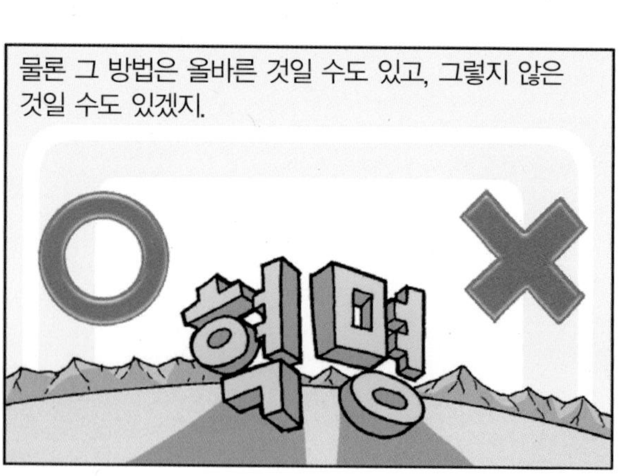

물론 그 방법은 올바른 것일 수도 있고, 그렇지 않은 것일 수도 있겠지.
혁명

쉽게 말해서 혁명이란 정치 체제를 크게 변화시키는 것이라는 정도만 알고 있어도 돼.
그래서 혁명이라는 말 대신 '변혁'이라는 말을 쓰기도 해.
변
혁

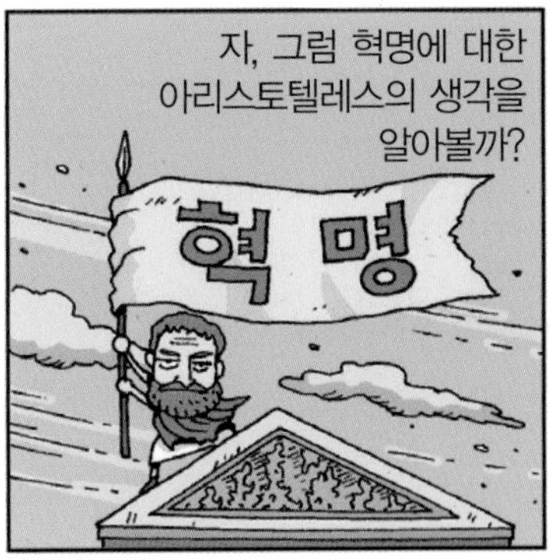

자, 그럼 혁명에 대한 아리스토텔레스의 생각을 알아볼까?
혁 명

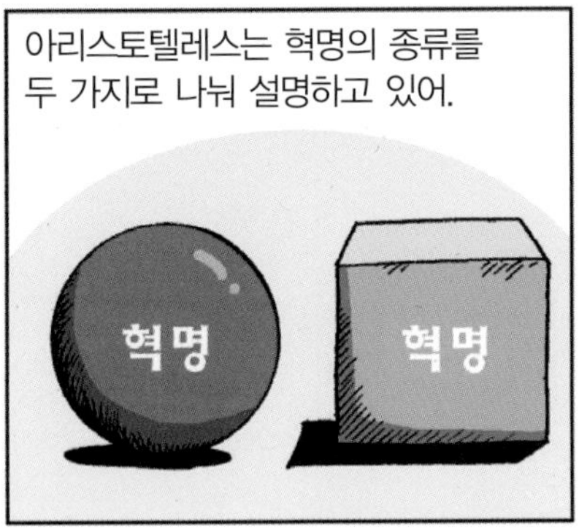

아리스토텔레스는 혁명의 종류를 두 가지로 나눠 설명하고 있어.
혁명
혁명

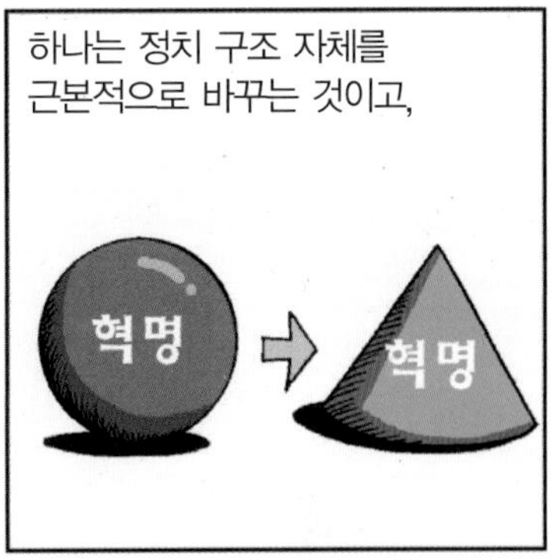

하나는 정치 구조 자체를 근본적으로 바꾸는 것이고,
혁명
혁명

다른 하나는 정치 구조는 바뀌지 않고 권력의 주도권만 바뀌는 거야.
혁명
혁명

우선 정치 구조에 변화를 일으키는 혁명이 뭔지부터 설명할게.

이것은 여러 가지 요인 때문에 정치 체제가 바뀌는 것을 의미해.
문제
문제
문제
문제
문제

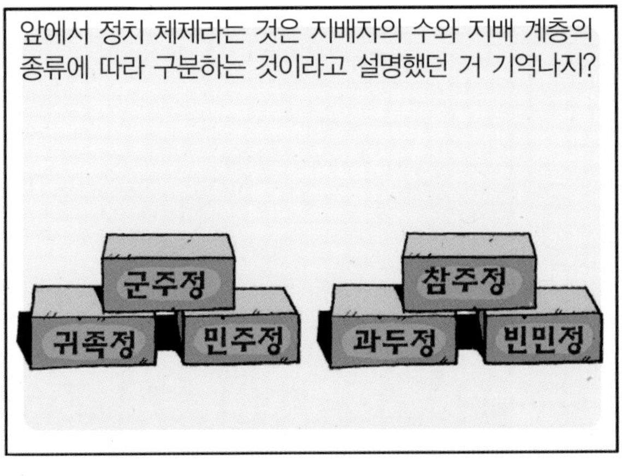

앞에서 정치 체제라는 것은 지배자의 수와 지배 계층의 종류에 따라 구분하는 것이라고 설명했던 거 기억나지?
군주정
귀족정
민주정
참주정
과두정
빈민정

그러니까 정치 체제가 바뀐다는 것은 이 두 가지가 모두 바뀌는 것을 말해.
과두정
빈민정
뻥~

예를 들자면 과두정에서 빈민정으로 또는 빈민정에서 과두정으로 바뀌는 경우가 여기에 해당하겠지.
빈민정
과두정
물론 저절로 변하는 것은 아닐 테고, 분명 원인이 있겠지?
그건 잠시 뒤에 알아보기로 하고, 여기서는 혁명의 종류에 대해서만 설명할게.
다음으로 정치 구조에는 변화가 없고, 권력의 주도권만 바뀌는 혁명에 대해 설명할게. 이것은 같은 정치 체제에서 누가 주도적인 역할을 하는 것인가에 대한 문제이기도 해.
당
당
다시 말하면 한 나라의 주도권을 장악하기에 유리한 핵심 관직을 누가 차지할 것인가라는 거지.
핵심 관직
권력을 차지한 사람들은 다른 세력이 이런 관직을 차지하지 못하게 하려고 여러 가지 법이나 제도를 만든다는 거야.
핵심 권력
쾅
반면 권력을 차지하지 못한 세력은 하나의 관직이라도 더 차지하려고 악착같이 덤벼든다는 거지.
우르르…
우르르..
핵심 권력
요즘 말로 하면 정권 교체에 해당한다고 보면 돼.
정권교체

우리나라의 경우에서 생각해 볼까?
아리스토텔레스가 말한 여섯 가지 정치 체제 중에서 지금 우리나라의 정치 체제와 가장 비슷한 것은 법치적 민주정이야.
법치적 민주주의
그렇다면 우리나라의 여러 관직 중에서 국가의 주도권을 장악할 만한 가장 핵심적인 관직은 뭘까?
아마도 대통령이 아닐까?
대통령
따라서 대통령 자리를 차지하려고 여러 정당에서 선거 때만 되면 온갖 방법을 다 동원하는 거 아니겠어?
기호 2
하지만 대통령이 바뀌었다고 정치 체제가 바뀌는 것은 아니지.
16대
17대
이렇게 국가의 정치 체제는 바뀌지 않고 핵심적인 관직을 누가 차지하느냐에 따라 국가의 주도권이 변화하는 경우가 바로 두 번째 해당하는 거야.
핵심 관직
그렇다면 이런 혁명은 왜 일어날까?
크악
혁명
아리스토텔레스는 혁명에는 반드시 원인이 있다고 봤어.
물론 당연한 얘기겠지. 그럼 어떤 원인들이 있을까?
원인

아리스토텔레스가 말한 혁명의 원인에는 불평등, 명예심, 교만, 공포, 치욕 등 여러 가지가 있어.
교만
공포
치욕
불평등
명예심
하지만 여기서 이것들을 다 설명할 수는 없어. 다만 혁명은 지배자들의 지나친 욕심과 피지배자들의 불만 때문에 일어난다는 것만 확실하게 말할 수 있지.
욕심 · 불만
지금부터 여러 정치 체제 유형별로 혁명이 왜 일어나는지에 대한 아리스토텔레스의 설명을 소개할게.
혁명
아리스토텔레스는 바람직한 세 가지 정치 체제와
군주정
귀족정
민주정
그렇지 못한 정치 체제 세 가지를 주장했다고 했지?
참주정
과두정
빈민정
이 중에서 상대적으로 혁명이 발생하기 쉬운 정치 체제는 세 가지의 바람직하지 못한 정치 체제야.
참주정
과두정
빈민정
이것을 기억해 두고 설명을 들었으면 좋겠어.
우선 빈민정에서 혁명이 발생하는 원인에 대해 설명할게.
빈민정
빈민정이 뭔지 알지? 다시 설명하자면 국가를 이루는 세 가지 계급 중 가난한 사람들이 자신의 이익만을 위해 권력을 행사할 때 나타나는 바람직하지 못한 정치 체제야.
빈민정

이런 체제에서는 왜 혁명이 일어날까? 아리스토텔레스는 한마디로 민중 선동가 때문이라고 했어.
민중 선동가? 도대체 뭐 하는 사람들일까?
민중이란 가난한 사람들을 통틀어 부르는 말일 테고… 선동가는 뭐지?
선동가?
선동가란 남들을 부추겨 어떤 일을 일으키게 하는 사람이야.
선동가
별로 좋은 의미는 아닌 거 같아.
선동가
이제 민중 선동가란 말뜻을 알겠지? 그렇다면 왜 이들 때문에 혁명이 일어나게 된다는 걸까?
자, 이렇게 생각해 보자.
빈민 정치 체제에서 가장 많은 불만을 가지고 있는 계급은 어느 계급일까?
당연히 부자일 거야. 따라서 체제를 뒤엎고 싶어하는 계급도 부자일 테고.
당근이지.
쩝 쩝
그렇다면 민중 선동가와 부자들, 과연 어떤 관계일까?
민중 선동가
?
부자
분명 같은 편은 아닐 테고
흥!
쳇!
선동가

아리스토텔레스에 따르면 민중 선동가들이 부자들을 자극한다는 거야.
쨉
잽
삐직..
민중 선동가
민중의 환심을 사기 위해서 말로 부자들을 공격한다는 것이지. 예를 들어 "부자들의 재산을 빼앗아 가난한 사람들에게 나눠 줘야 한다." 뭐, 그런 말로….
부 자
그러면 부자들은 긴장할 거고
와
와
와
부자들을 몰아내자!
결국 자신들의 권리를 지키기 위해서 단결한다는 거지.
그리고 더 이상 참지 못하면 민중들에 대항해서 혁명을 일으킨다는 거야. 어때 좀 이해가 되지?
혁명
다음은 과두정에서 혁명이 발생하는 원인에 대해 알려줄게.
과두정
과두정이란 부자나 귀족들이 자신들의 이익만을 위해 권력을 행사하는 정치 체제라는 것쯤은 알고 있겠지?
권력
과두정에서 가장 많은 불만을 가지고 있는 계급은 어느 계급일까?
으르릉..
짐작한 대로 가난한 사람들이야. 그러니까 이들이 혁명의 주인공이 되겠지?
혁명
빈
민
아리스토텔레스는 과두정에서 크게 두 가지 원인 때문에 혁명이 일어난다고 봤어.

첫 번째 원인은 부자들이 가난한 사람들을 너무 괴롭히기 때문이라는 거야.
콰아…
부자들이 자신들만의 이익을 채우기 위해 가난한 사람들을 괴롭히면 가난한 사람들은 견디다 못해 혁명을 일으킨다는 거지.
그리고 두 번째 원인은 부자들 사이의 분열이라는 거야.
댕강
부자들은 모두 국가를 다스리는 최고 관직에 참여하고 싶어해.
관직
그런데 이들 간에도 힘의 차이가 있기 때문에, 최고의 관직으로부터 멀어지는 세력이 있다는 거지.
털썩
이들의 불만이 쌓이면 이들은 민중들과 손을 잡고 체제를 뒤엎거나
민중
멀어진 세력
그 틈을 노린 민중들에 의해서 체제가 뒤집혀져 빈민정이 된다는 거야.
다음은 참주정의 혁명 원인에 대해 알아볼까?
참주정
참주정은 왕이나 군주가 자신의 이익만을 위해 나라를 다스리려 할 때 나타나는 정치 체제야.
세금 미납자
나는 개인적으로 참주정이야말로 가장 혁명이 발생하기 쉬운 정치 체제라고 생각해.
식은 죽

왜 그런지
짐작하겠지?
참주(자신의 이익만을 생각하는 왕이나 군주)는 자신의 이익을 위하고, 국민들이 불만을 표시하지 못하게 하기 위해 공포 정치를 펼칠 수밖에 없다는 거야.
그러면 더욱더 불만이 쌓이는 거고, 결국 불만을 품은 계급들 중 세력이 강한 계급에 의해 체제가 무너지겠지.
아리스토텔레스는 가끔 외부 세력에 의해 참주정이 무너지기도 한다고 했어.
어서 와~!
연봉
협상부터.
참주는 자신을 보호하기 위하여 수많은 군대를 둘 수밖에 없어.
그런데 이 군대는 자기 나라의 군대가 아니라 돈을 주고 고용한 용병이라는 거지.
왜 그런 줄 알아? 국민의 지지를 받지 못하기 때문에 국민들을 군대로 쓸 수 없기 때문이라는 거야.
이런 용병들이 불만을 가지게 되면 손쉽게 참주를 무너뜨릴 수 있어.

반면 군주정은 어떤 경우에 무너질까?
군주정
왕이나 군주는 참주와는 달리 국민들로부터 인정받고 존경받는 통치자들이야.
그런데 혁명이 일어날 가능성은 얼마든지 있다고 봤어.
가능성
그 원인도 크게 두 가지로 봤는데 우선 왕족 내부의 분열에 의해서 혁명이 발생할 수 있다고 보는 거지.
분열
왕족 내부의 분열은 권력 다툼을 가져올 거고, 그 때문에 군주정이 무너질 수 있다는 거야.
권력
그리고 또 한 가지 경우는 법률에 정해진 것 이상으로 왕권을 강화하려고 할 때 발생한다는 거야. 지나친 왕권 강화를 원하는 국민은 없을 테니까.
즉, 왕이 국민들로부터 인정받지 못하면 군주정은 더 이상 가치가 없어진다는 거지.
경매
100원
아리스토텔레스는 앞에서 살펴본 네 가지 정치 체제에 비해 귀족정이나 민주정에서는 혁명이 일어나는 게 상대적으로 쉽지 않다고 했어.
귀족정
혁명
민주정
하지만 전혀 가능성이 없는 것은 아니지.
앗, 틈이다!
귀족정
졸졸

귀족정의 경우에는 과두정에서와 마찬가지로 귀족들 중에서 소수만이 국가의 권력을 차지하고 있을 때 혁명이 발생한다는 거야.
귀족
권력
귀족들의 경우 다른 어떤 계급보다도 명예를 중요하게 여기기 때문에, 자존심 상하는 일을 참지 못한다는 거야.
명예
또한 흔하지는 않지만 법치적 민주정도 어느 한쪽으로 세력이 기울어지면 혁명이 발생할 수 있다고 봤어.
세력
세력
결국 혁명은 정치 체제 내에서의 조화와 균형이 깨질 때 발생한다는 게 아리스토텔레스의 생각이지.
어느 한쪽으로 세력이 기울게 되면 자기 세력의 이익을 위해 자기들에게 유리한 정치 체제를 선택하려고 한다는 거야.
이익
이익
이익
이익
그렇게 되면 새로운 정치 체제가 들어서게 되지. 그게 바로 혁명이지.
혁명
이제 혁명이 왜 일어나는지 아리스토텔레스의 생각을 좀 이해하겠지?
자~ 혁명의 원인에 대한 얘기는 이쯤하고….
지금부터 이런 혁명으로부터 어떻게 정치 체제를 지키고, 보호하려면 어떻게 해야 하는지 얘기할게.

만약 아리스토텔레스가 각 정치 체제에서
혁명이 일어나는 원인만 분석하고 말았다면
어떤 생각이 들었을까?
그야말로 대책없는
사람이라고 생각했을 거야.
우~ 우~
우~ 우~
하지만 그가 누구야?
가장 훌륭한 철학자이면서
만물박사잖아?
혁명으로부터 여러 정치 체제를
보호하는 비법도 아주 친절하게
가르쳐 주었어.
예방 접종
혁명
그래서 바로 이 책 제목이
《정치학》이라는 거지.
정치학
POLITICS
정치학이 뭐야? 한마디로 나라를
잘 다스리는 방법을 가르쳐 주는
학문. 아니겠어?
정치학
정치 지도자가 되는 게 장래 희망인 사람들은
이 부분을 유심히 살펴보도록!
저요?
넌 만화가가
꿈이라며
…
그런데 아리스토텔레스가 알려 준 비법을 모두 소개할 수는
없고, 그중에서 오늘날에도 공감할 수 있는 비법만 소개해 볼게.
21세기
아리스토텔레스는 우선 최고 관직에
오르는 사람들의 자격을 엄격하게
제한해야 한다고 주장했어.
관직
최고의 관직에 오르는 사람들은 우선 그것이
어떠한 체제이든 체제에 대한 최고의
충성심을 가져야 한다고 봤어.
그럼 충성심만
있으면 될까?

충성심뿐만 아니라 최고의 행정 능력도 갖춰야 한다고 봤지.
행정
그뿐 아니라 중요한 또 한 가지를 갖춰야 한다고 했어. 자제력과 공익을 위하는 태도라는 거야.
이 세 가지를 고루 갖춘 사람이야말로 최고의 관직에 어울리는 사람이지.
이런 자격을 갖춘 사람이 법률에 의해 공평하게 통치한다면 불만 있는 사람들이 생겨나지 않을 거고
혁명도 일어나지 않는다는 거야.
혁명…?
어때? 우리나라도 이런 사람들이 정치 지도자가 됐으면 좋겠지?
다음으로 아리스토텔레스는 훌륭한 법을 만들고 이것을 모두가 잘 지킬 수 있도록 해야 한다는 거야.
법
법을 통하여 어떠한 사람도 과도한 권력을 갖지 못하도록 통제하는 것이 중요하다고 했어.
그래서 국가의 중요한 관직의 임기를 짧게 하여
짧을수록 좋아!
핵심 관직
한 사람에 의한 영향력을 최소한으로 줄이며
그렇지 않은 관직의 임기는 비교적 길게 하여 국가의 임무를 원만하게 수행할 수 있도록 해야 한다는 거야.
또 나라를 통치하는 사람들이 개인의 욕심을 채울 수 없도록 법으로 강력히 통제해야 한다는 거야.
욕심

모든 문제가 개인의 욕심에서 나오기 때문에 서로 반대되는 사람들로 감시하는 관리직을 만들고 잘 유지해야 한다는 거지.
이런 제도는 요즘 거의 모든 나라들이 실시하고 있는 제도야. 우리나라의 감사원 같은 기관도 그런 관직이지.
감사원
마지막으로 아리스토텔레스가 혁명을 예방하기 위해 가장 중요하게 생각하는 것은 바로 교육이었어.
교육
교육을 통해 청소년들을 그 체제가 바라는 가장 바람직한 인간으로 키워야 한다는 거야.
특히 자기 멋대로 사는 것이 자유가 아니며,
마약
반항
가출
폭력
자기가 속한 정치 체제의 규칙에 순응해 가는 것이 진정한 자유라는 것을 교육해야 한다고 했어.
순응
한마디로 준법 정신을 철저하게 교육시켜야 한다는 거지.
어때? 이 정도면 혁명을 예방하는 데 많은 도움이 되었겠지!
지금까지의 아리스토텔레스의 생각을 한마디로 정리하면 훌륭한 지도자, 공정한 법, 철저한 교육, 이 세 가지를 조화롭게 운영하는 것이 바로 훌륭한 정치라는 거야.
법
교육

세상을 바꾼 혁명

신석기 혁명(The Neolithic Revolution)

'신석기 혁명' 이란 말은 영국 고고학자인 고든 차일드(Gordon V. Childe)가 1936년에 펴낸 책 《Man Makes Himself》에서 처음으로 사용했어요. 사냥과 채집에만 의존하던 인류가 농사를 짓는 방법을 발명함으로써 전과는 전혀 다른 모습의 사회가 만들어졌다는 뜻을 담고 있지요.

농사를 짓기 시작하면서 사람들은 더 이상 떠돌아다니지 않아도 되었으며, 한곳에 정착해 마을을 이루어 살 수 있었습니다. 이것은 이제까지 자연에 순응하여 살기만 했던 인류의 삶이 자연을 이용하는 삶으로 바뀌었다는 것을 의미하기도 합니다.

산업 혁명(Industrial Revolution)

산업 혁명이란 농업과 수공업 위주의 삶의 모습이 공업과 기계를 사용하는 삶의 모습으로 바뀌어 가는 과정을 가리키는 말이에요.

와트(James Watt, 1736~1819)의 증기기관의 발명으로 시작된 산업 혁명은 인류의 삶의 모습을 근본적으로 바꿔 놓았어요. 그 전까지 인류는 상품을 생산하는 데에 필요한 에너지를 사람이나 가축 또는 자연의 힘(수력, 풍력 등)에만 의존했기 때문에 많은 제약을 받았지요. 하지만 증기기관의 발명으로 기계를 만들어 사용하게 되면서 필요할 때 언제든지 에너지를 활용할 수 있게 되었어요. 기계의 사용으로 상품을 대량으로 생산할 수 있게

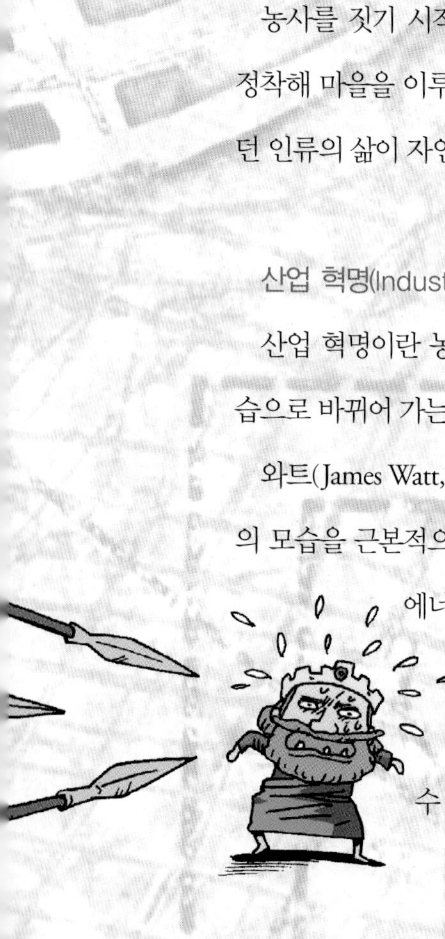

되어 삶이 보다 여유로워졌으며, 논과 밭에는 공장이 들어서고, 도시가 생겨났으며, 교통과 통신 시설이 획기적으로 발전했어요. 그러나 산업 혁명이 이런 긍정적인 변화만 가져온 것은 아니에요. 도시로 인구가 집중되어 환경 문제뿐만 아니라 여러 가지 도시 문제가 생겨났고, 빈부의 격차가 점점 더 심해졌으며, 전통적인 가족 제도가 무너지는 등 여러 가지 사회 문제도 나타났어요.

시민 혁명(Bourgeois Revolution)

시민 혁명은 부르주아 혁명이라고도 해요. 부르주아란 산업 혁명 이후 새롭게 생겨난 계급을 가리키는 말이에요. 산업 혁명으로 인해 새롭게 재산을 모은 사람들이 그 대부분을 차지한다고 보면 됩니다.

이들은 세력이 점차 커져 가자 자신들의 이익을 보장해 줄 수 있는 새로운 제도를 원하게 되지요. 하지만 당시의 절대 왕정은 이들의 요구를 들어주지 않았어요. 그래서 이들은 농민, 도시근로자 들과 힘을 합해 절대 왕정을 무너뜨리고 신분제 폐기, 법 앞에서의 개인적 평등과 경제적 자유의 실현, 자유로운 사적 소유의 확립 등을 기본 과제로 하는 새로운 사회와 정치적 질서를 만들게 되었던 거예요.

제10장
누구나 시민이 될 수 있을까?
시민권
시민권
시민권
시민권
시민권
시민권
민권
시민권
시민권
먼저 시민에 대해 살펴보기 전에 한 가지 주의할 점이 있어.
아리스토텔레스가 말하는 시민은 요즘 우리가 말하는 시민과 다르다는 거야.
≠
요즘에는 시민이라는 말을 사용하지 않고 국민이라는 말을 많이 사용해.
친애하는 국민 여러분~!
그렇다고 아리스토텔레스가 말하는 시민이 도시에 살고 있는 사람들을 뜻하는 것은 더욱 아니야.
도 시
오히려 그는 일정한 지역(그것이 도시라 하더라도)에 거주한다고 해서 모두가 시민이 될 수는 없다고 주장했어.
왜냐하면 이방인이나 노예들도 도시에 살고 있지만, 그들은 시민으로 볼 수는 없으니까.

그럼 아리스토텔레스가 말하는 시민에 대해 좀 더 자세히 살펴볼까?
시민이란 말이야….
시민
아리스토텔레스에 따르면 국가는 국가 유지에 필요한 모든 것을 자급자족할 수 있어야 한다고 했어.
自給自足
그렇게 하기 위해서는 필요한 만큼의 충분한 사람들(인구)도 있어야 한다는 거야.
사람들이 각자 맡은 일을 성실하게 수행할 때 국가는 외부의 도움 없이도 모든 일을 스스로 해결할 수 있다는 거야. 그게 바로 국가의 최종 목표이기도 하고.
문제
아리스토텔레스는 국가를 구성하는 사람들을 크게 둘로 구분했어.
하나는 국가 유지에 필요한 물품을 생산하고 유통시키는 사람들이고
다른 하나는 국가를 관리하고 운영해 나가는 사람들이야.
간단히 말하면 한 나라의 국민을 피지배 계급과 지배 계급으로 나눴다는 얘기야.
이 두 가지 계급 중 지배 계급만이 시민의 자격을 갖는다는 거야.
이건 앞에서 설명했던 내용인데 기억나지?
따라서 피지배 계급에 해당하는 사람들은 시민이 될 수 없다는 거지.
노예
상인
노동자
농부

이들은 국가의 정치 활동에 참여할 수 없고 생산 활동에만 참여해야 한다는 거야. 말도 안 되는 얘기지만 당시에는 그게 당연하게 여겨지던 시대였거든.
일이나 하자!
정치
아리스토텔레스는 먼저 '어떤 사람을 진정한 시민이라고 할 수 있는가?' 라는 문제로 고민했어.
그리고 그 답을 찾기 위해서 다른 사람들이 시민의 뜻에 대하여 정리해 놓은 생각들을 검토해 보기 시작했어. 바로 역사적 방법론이지.
역사적 방법론
아리스토텔레스는 우선 가장 일반적인 상식에 도전했어.
일반적 상식
그 당시에는 부모님이 모두 시민인 사람에게만 시민의 자격이 주어졌거든.
시민
자식
하지만 아리스토텔레스는 이런 당연한 사실에 의문을 제기했어.
이건 문제가 있어!
부모님이 모두 시민인 사람을 시민이라고 정의할 수 있을까?
시민?
그럼 최초의 시민은 어떻게 생겨난 거지?
우리는 처음부터 시민이었을까?
글쎄?
현재의 시민

왜냐하면 최초로 시민이 된 사람의 부모는 당연히 시민이 아니었을 테니까. 무슨 말인지 이해하겠지?
아빠, 시민이 되고 싶어요.
예를 들어 국가를 세운 사람은 분명 그 국가의 시민이지만 '부모님이 모두 시민인 사람을 시민으로 한다.'에 비추어 보면 모두 시민이 아닌 셈이지.
드디어 국가를 창건했다!
국가
이제 우리는 시민!
왜냐고? 국가가 생기기 전에는 시민도 없었으니까….
휘이잉…
이러한 사실로 보아 시민이란 한마디로 간단하게 정의할 수 없다는 게 그의 생각이야.
시
민
다음으로 아리스토텔레스는 우연한 방법으로 시민이라는 명칭을 얻은 사람이나
시민권
일정한 장소에 주거하는 것만 가지고는 시민이라고 할 수 없다고 했어.
이곳에서만 50년을 살았어.
또 모든 사람들은 억울한 것이 있으면 법에 호소할 수 있는 권리가 있고,
법
잘못하면 법에 의해 처벌을 받았는데 이런 사실만으로 시민이라고 할 수도 없다는 거야.
그런 것은 시민이 아니더라도 얼마든지 누릴 수 있는 권리이지.
법
이방인이나 노예도 일정 지역에 거주하며 위와 같은 법적 권리를 누리지만, 그들이 시민이 아니라는 것은 너무도 확실하다는 거야.
노예
상인
농부
노동자
그렇다면 시민은 어떤 사람들을 가리키는 말일까?
시 민

아리스토텔레스는
조금씩 구체적으로
접근해 갔어.
물론 시민의 자격을 갖추기 위해서는 앞에서 말한
조건을 무시해서는 안 돼. 그건 기본적으로
갖춰야 하는 조건이거든.
기본적
조건
하지만 이것만 가지고는
완벽하지 못하다는 거야.
그것만으로는
부족하지?
그렇다면 이런 것 외에
시민의 자격을 갖추기 위해서는
어떤 조건들이 필요할까?
시민의 조건
아리스토텔레스는 시민이란 적어도 법을
집행하는 데 참여하고, 관직을 갖는 데
참여하는 사람이어야 한다는 거야.
정부
요즘
말로는
정부야.
그러니까 시민이란 국가의
관리가 될 수 있는
사람이라는 거지.
관리
모든 시민들은 서로 돌아가면서 통치하고 통치 받아야 하기
때문에 시민이 되려면 반드시 이러한 통치 행위에 참여해야
한다는 거지.
통치탕
꼭 들어가야
하나?
그러나 아직도 이것만 가지고는 시민에 대한
정의를 완벽하게 표현했다고 할 수 없다는
거야.
기본적
조건
정책
참여
왜냐하면 법을 집행하려면 먼저 법을
만들어야 하고
법
법을 만들기 위해서는 그 법을
만드는 사람들이 있다는 거지.
이러한 사람들도 분명 시민이라는
거야.

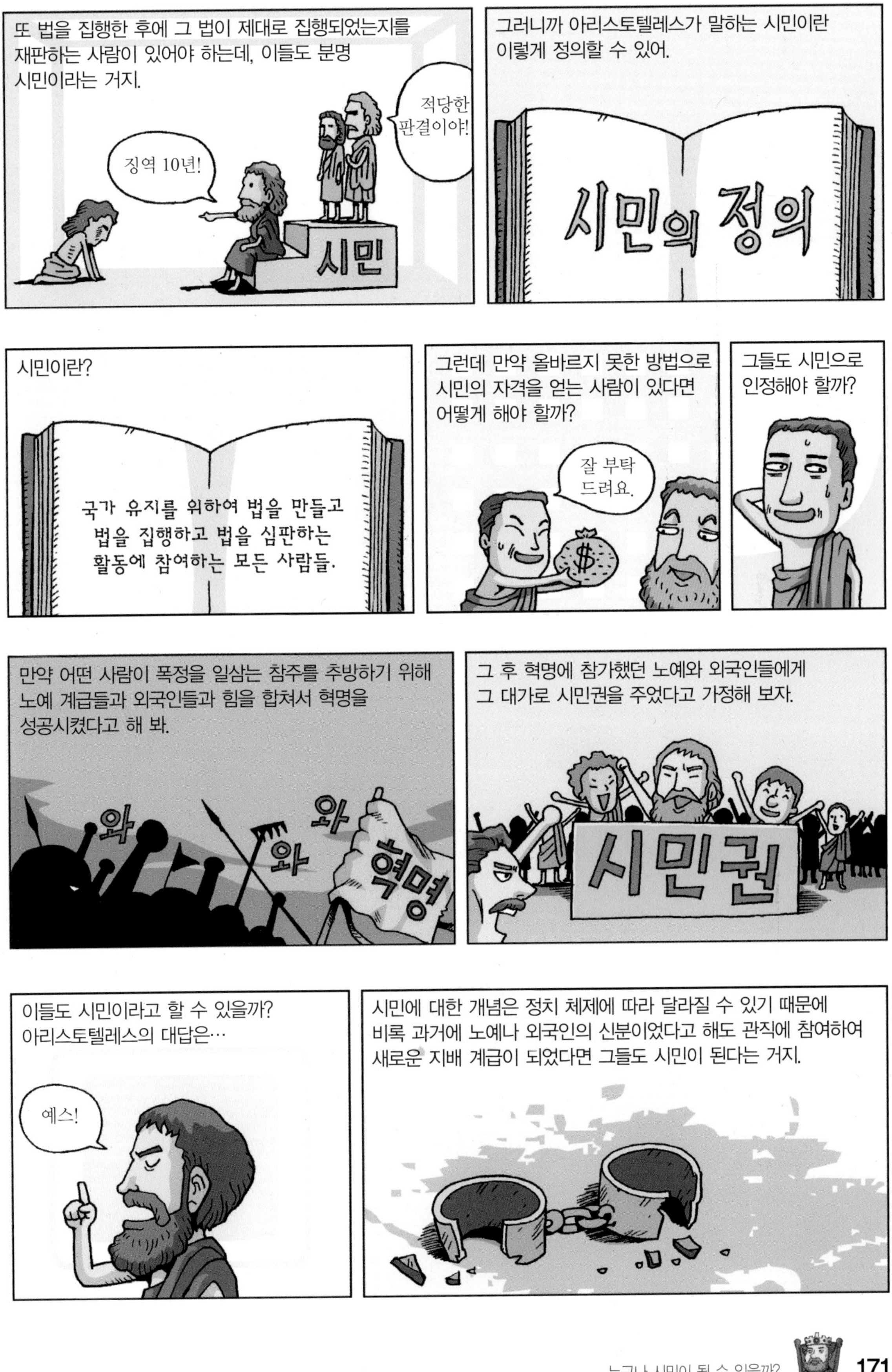
또 법을 집행한 후에 그 법이 제대로 집행되었는지를 재판하는 사람이 있어야 하는데, 이들도 분명 시민이라는 거지.
징역 10년!
적당한 판결이야!
시민
그러니까 아리스토텔레스가 말하는 시민이란 이렇게 정의할 수 있어.
시민의 정의
시민이란?
국가 유지를 위하여 법을 만들고 법을 집행하고 법을 심판하는 활동에 참여하는 모든 사람들.
그런데 만약 올바르지 못한 방법으로 시민의 자격을 얻는 사람이 있다면 어떻게 해야 할까?
잘 부탁드려요.
그들도 시민으로 인정해야 할까?
만약 어떤 사람이 폭정을 일삼는 참주를 추방하기 위해 노예 계급들과 외국인들과 힘을 합쳐서 혁명을 성공시켰다고 해 봐.
와
와
와
혁명
그 후 혁명에 참가했던 노예와 외국인들에게 그 대가로 시민권을 주었다고 가정해 보자.
시민권
이들도 시민이라고 할 수 있을까? 아리스토텔레스의 대답은…
예스!
시민에 대한 개념은 정치 체제에 따라 달라질 수 있기 때문에 비록 과거에 노예나 외국인의 신분이었다고 해도 관직에 참여하여 새로운 지배 계급이 되었다면 그들도 시민이 된다는 거지.

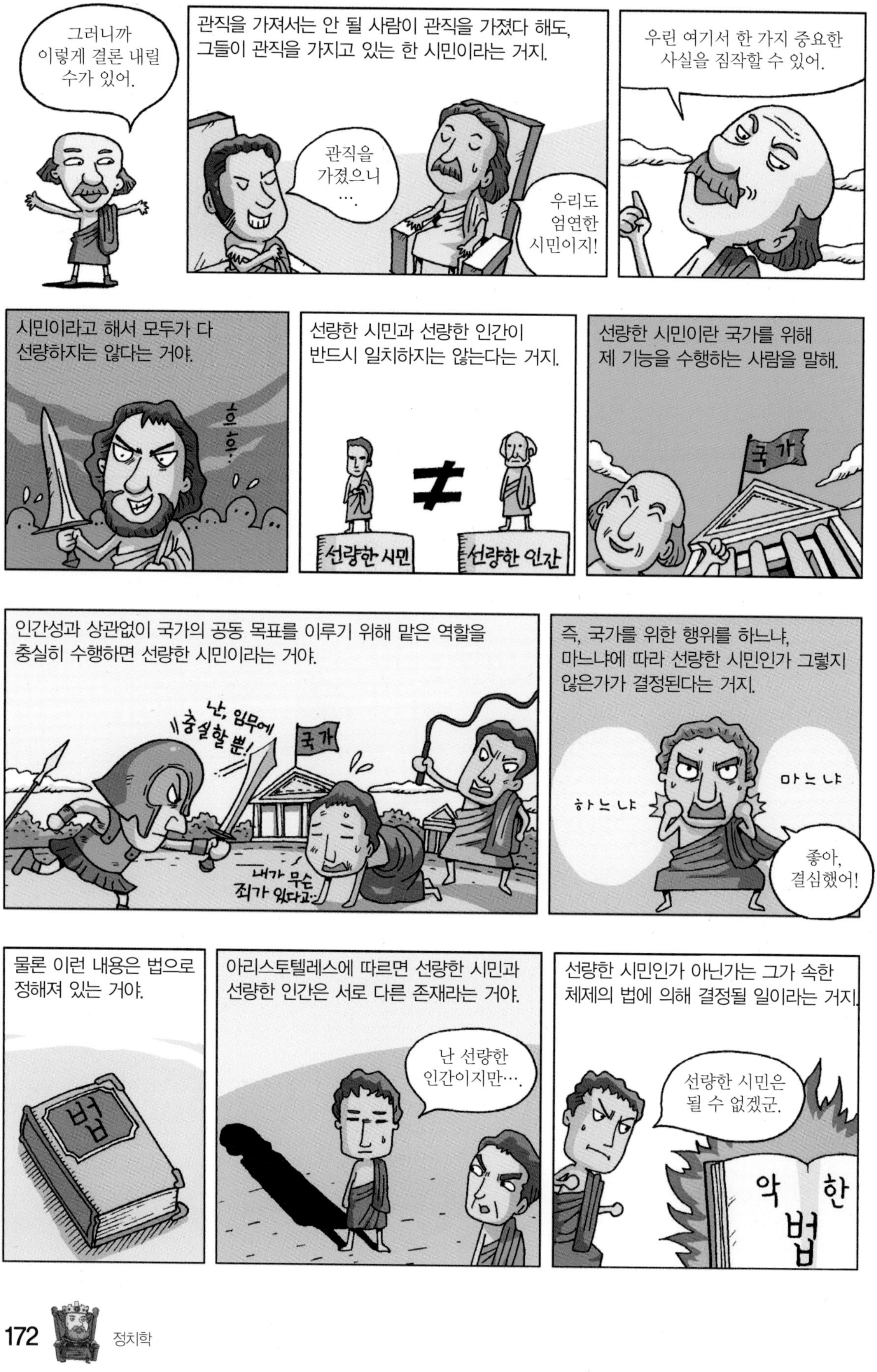
그러니까 이렇게 결론 내릴 수가 있어.
관직을 가져서는 안 될 사람이 관직을 가졌다 해도, 그들이 관직을 가지고 있는 한 시민이라는 거지.
관직을 가졌으니 ….
우리도 엄연한 시민이지!
우린 여기서 한 가지 중요한 사실을 짐작할 수 있어.
시민이라고 해서 모두가 다 선량하지는 않다는 거야.
흐흐…
선량한 시민과 선량한 인간이 반드시 일치하지는 않는다는 거지.
선량한 시민
≠
선량한 인간
선량한 시민이란 국가를 위해 제 기능을 수행하는 사람을 말해.
국가
인간성과 상관없이 국가의 공동 목표를 이루기 위해 맡은 역할을 충실히 수행하면 선량한 시민이라는 거야.
난, 임무에 충실할 뿐!
국가
내가 무슨 죄가 있다고…
즉, 국가를 위한 행위를 하느냐, 마느냐에 따라 선량한 시민인가 그렇지 않은가가 결정된다는 거지.
하느냐
마느냐
좋아, 결심했어!
물론 이런 내용은 법으로 정해져 있는 거야.
법
아리스토텔레스에 따르면 선량한 시민과 선량한 인간은 서로 다른 존재라는 거야.
난 선량한 인간이지만….
선량한 시민인가 아닌가는 그가 속한 체제의 법에 의해 결정될 일이라는 거지.
선량한 시민은 될 수 없겠군.
악한 법

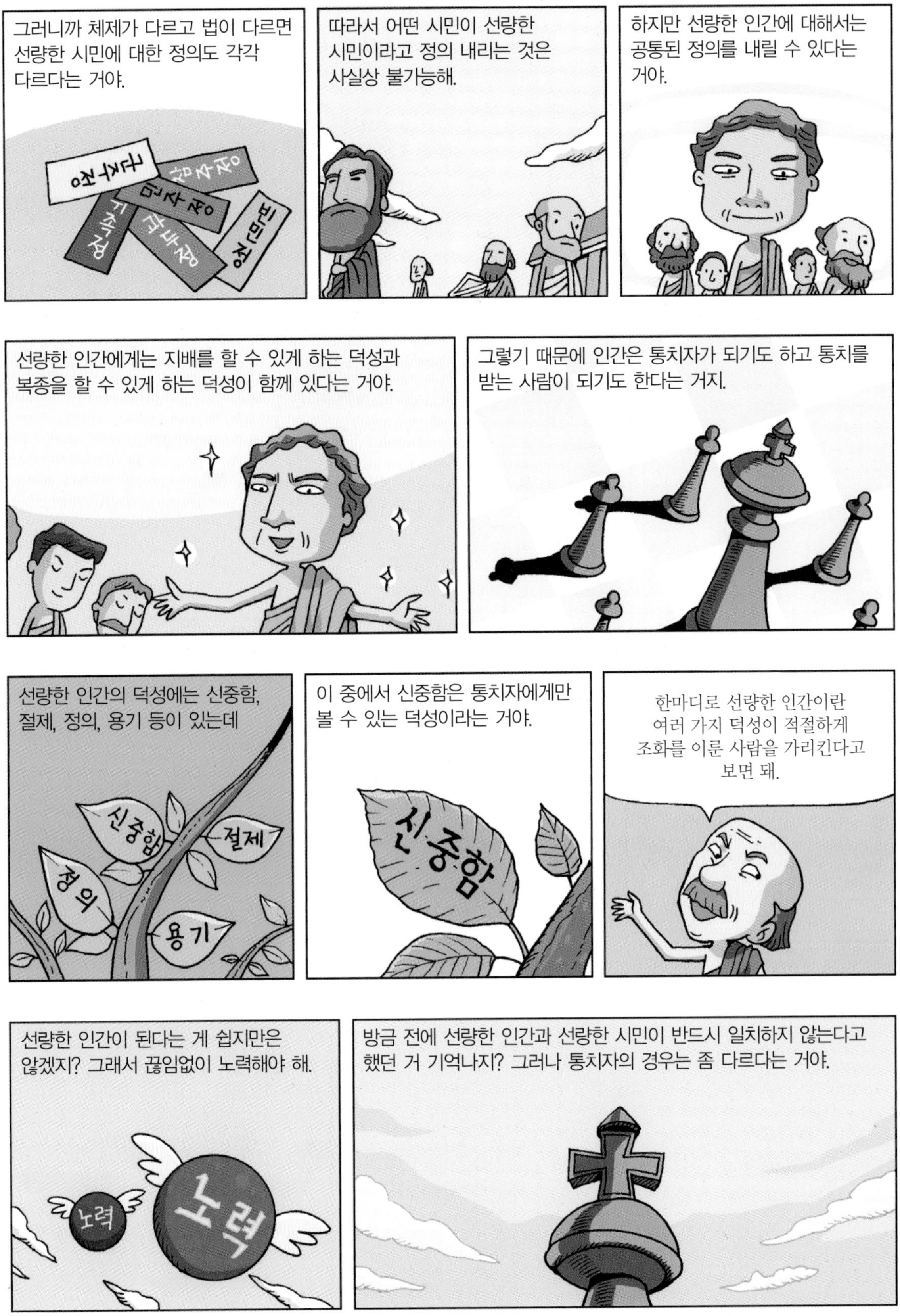
그러니까 체제가 다르고 법이 다르면 선량한 시민에 대한 정의도 각각 다르다는 거야.
군주정
민주정
귀족정
과두정
빈민정
따라서 어떤 시민이 선량한 시민이라고 정의 내리는 것은 사실상 불가능해.
하지만 선량한 인간에 대해서는 공통된 정의를 내릴 수 있다는 거야.
선량한 인간에게는 지배를 할 수 있게 하는 덕성과 복종을 할 수 있게 하는 덕성이 함께 있다는 거야.
그렇기 때문에 인간은 통치자가 되기도 하고 통치를 받는 사람이 되기도 한다는 거지.
선량한 인간의 덕성에는 신중함, 절제, 정의, 용기 등이 있는데
신중함
절제
정의
용기
이 중에서 신중함은 통치자에게만 볼 수 있는 덕성이라는 거야.
신중함
한마디로 선량한 인간이란 여러 가지 덕성이 적절하게 조화를 이룬 사람을 가리킨다고 보면 돼.
선량한 인간이 된다는 게 쉽지만은 않겠지? 그래서 끊임없이 노력해야 해.
노력
노력
방금 전에 선량한 인간과 선량한 시민이 반드시 일치하지 않는다고 했던 거 기억나지? 그러나 통치자의 경우는 좀 다르다는 거야.

통치자는 선량한 시민이면서 선량한 인간이어야 된다는 거지.
선량한 시민
선량한 인간
다시 말해 선량한 시민 중에서 특별한 교육을 통해 선량한 인간이 된 사람이 통치자가 되기 때문에, 통치자는 선량한 시민이면서 선량한 인간이라는 거지.
하지만 이렇게 생각하는 것도 문제가 있다는 거야.
무슨 문제가 있을까? 엄청 헷갈리지? 그냥 쉽게 정답만 말하면 될 텐데, 왜 이렇게 빙빙 돌려 말하는지….
빙~ 빙~
그게 바로 아리스토텔레스의 특기야.
그런가?
나중에 다른 말 못 하도록 처음부터 차분하게 단계별로 짚어 나가는 거지.
차분~
네~
앞에서 시민이란 통치자도 될 수 있고 통치를 받는 사람도 될 수 있다고 했던 말을 기억하지?
통치자
통치를 받는 자
그리고 시민들은 모두 돌아가면서 통치자가 돼야 한다고 했던 것도.
통치자
이제 통치자는 반드시 선량한 시민이면서 선량한 인간이란 말이 왜 문제였는지 알겠지?
찌익
선량한 시민
선량한 인간
결국 통치자도 일반 시민이라는 거야.
일반 시민
따라서 통치자에게도 선량한 시민이 곧 선량한 인간이라는 말은 적용되지 않는다는 거지.
선량한 시민
선량한 인간

그렇다면 선량한 시민과 선량한 인간이 일치하는가, 그렇지 않은가에 대한 결론은 어떻게 내릴 수 있을까?
선량한 시민
선량한 인간
정답부터 말하자면 그것은 각 정치 체제마다 다르다는 거야.
착
아리스토텔레스는 국가를 다스리는 정치 체제의 종류를 여섯 가지로 분류했어. 이건 알고 있지?
군주정
민주정
참주정
과두정
귀족정
빈민정
그리고 각 정치 체제마다 각각의 헌법을 가지고 있다는 거야.
군주정 헌법
민주정
참주정 헌법
귀족정 헌법
빈민정
과두정
정치 체제와 법이 여럿이듯 시민에 대한 정의도 여러 가지라는 거지.
어떤 정치 체제에서는 시민이 통치자의 역할을 하는 경우가 있어.
시민투표
민주정과 변형된 형태인 빈민정이 그렇다는 거 알고 있지?
민주정
빈민정
또 다른 경우에는 시민이 절대로 통치자의 역할을 하지 못하도록 되어 있어.
군주정이나 그 변형인 참주정이 그런 형태야.
군주정
참주정
그리고 어떤 경우에는 어느 정도 시민에게 통치권을 나눠 주는 경우도 있지.
통치권
통치권
통치권
통치권
소수 지배자

물론 중요한 부분은 절대로 양보하지 않지만… 귀족정이나 과두정이 바로 그런 형태야.
핵심관직
귀족정
과두정
핵심관직
관직
관직
관직
관직
중요한 관직은 절대 양보 못해!
이처럼 정치 체제의 종류에 따라 선량한 시민과 선량한 인간은 일치할 수도 있고 그렇지 않을 수도 있단다.
좀 싱겁지 않니?
뭔가 대단한 결론을 기대했을 텐데….
하지만 이런 당연한 결론은 어떤 과정을 통해 이끌어 내느냐가 중요해. 아리스토텔레스는 바로 그런 과정을 중요하게 여겼지. 그게 바로 그의 특기이기도 하지.
과정
우리는 여기서 아리스토텔레스가 말하고자 하는 것이 뭔지를 분명하게 깨달아야 해.
과정
그가 이런 과정을 통해서 우리에게 정말로 전달하고 싶었던 얘기는 뭘까?
'선량한 시민과 선량한 인간은 반드시 일치하는 것이 아니다' 라는 사실일까? 그럼 진짜 허무하겠지?
선량한 시민
선량한 인간

아리스토텔레스가 여러 가지 정치 체제 중에서 가장 바람직하다고 인정했던 것이 법치적 민주정이라는 거 기억하지?
법치적
민주정
아리스토텔레스는 법치적 민주정이 올바르게 작동되기를 바랐던 거야.
그러기 위해서는 모두가 합의하는 훌륭한 법을 만드는 것도 중요하지만, 그것 못지않게 그 자체를 운영하는 시민들이 올바로 서야 한다는 것을 강조하고 싶었지.
아리스토텔레스는 《정치학》 제3편 마지막 부분에서 이렇게 쓰고 있어.
정치학
제 3 편
선한 인간의 행동과 선한 시민 또는 선한 군주의 행동은 같은 거라고.
그렇기 때문에 선한 인간을 길러내는 교육은 선한 시민과 선한 군주를 길러내는 교육과도 같은 거라고.
교육
이것이 바로 아리스토텔레스가 우리들에게 들려주고 싶었던 얘기일 거야.
교육을 통해 선한 인간과 선한 시민이 일치하는 사회를 만드는 것이 바로 아리스토텔레스의 꿈이었으니까….
선한 사회

시민의 기원

시민의 기원은 고대 그리스 시대까지 거슬러 올라가요. 고대 그리스의 도시 국가에서 시민은 참정권(정치에 참여할 수 있는 권리)을 가진 성인 남자를 가리키는 말이었어요. 따라서 고대 그리스 시대의 시민은 여자와 노예, 외국인 등을 제외한 아주 제한적 의미로 사용되었다고 볼 수 있지요. 그러던 것이 18세기 산업 혁명 이후 '부르주아지(bourgeoisie)' 라는 새로운 계급이 등장하면서부터 이 말이 시민 계급을 가리키는 말로 사용되었어요.

원래 부르주아지는 프랑스에서 중세 성 안에 거주하는 주민, 즉 중세 도시에 사는 사람들을 가리키는 말이었어요. 요즘으로 보면 중산층이었다고 생각하면 될 거예요.

이들은 산업 혁명 이후 사회가 발전하는 과정에서 막대한 부를 쌓게 됩니다. 하지만 정치적인 역할은 미미했어요. 그래서 그들은 점차 자신들의 경제적 지위에 맞는 정치적 역할을 원했고, 이를 거부하던 절대 왕정과 부딪치게 된 거예요.

근대적 의미의 시민(부르주아지)이란 시민 혁명을 성공시키고, 근대 시민 사회를 이룩하고, 산업 혁명을 수행하여 근대 자본주의 경제 체제를 확립한 모든 사람들을 가리키는 말이었어요. 그러나 자본주의가 점차 발달하면서 시민 혁명을 이끌었던 시민 계급(부르주아지)이 자본을 가진 자본가 계급과 그렇지 못한 노동자 계급으로 점차 나눠지게 돼요. 그리고 이 두 계급 사이의 대립은 날이 갈수록 심해져 마침내 서로를 적으로 생각하게 됩니다. 이렇게 되자 시민 계급 전체

를 가리키던 '부르주아지' 라는 말도 전과 같은 의미로 사용할 수 없게 되었지요. 따라서 부르주아지는 자본가 계급만을 가리키는 말로 의미를 한정해서 사용하였고, 노동자 계급은 '프롤레타리아' 라고 새로 부르게 되었던 거예요.

그러나 시간이 흐를수록 단순하게 자본가 계급과 노동자 계급으로 분류할 수 있었던 계급 구조가 아주 복잡하게 나타나게 됩니다. 따라서 현대 사회에서는 과거와 같은 구분으로 계급을 분류할 수 없게 되었어요. 따라서 오늘날에는 시민이란 말이 그 역사적 배경과는 다르게, 국민 국가의 구성원 전체를 가리키는 말로 쓰이고 있어요.

제11장 교육은 왜 필요한가?

아리스토텔레스는 누구보다도 교육에 관심을 가졌어.
교육
앞에서 여러 번 강조했기 때문에 새삼스럽지 않지?
교육
아리스토텔레스는 특히 젊은이들의 교육이 국가의 장래를 결정한다고 했어.
국가
어떠한 정치 체제도 그 체제만이 가지는 특성과 목표가 있다는 거야.
귀족정
민주정
군주정
이러한 특성과 목표는 교육을 통해 가르쳐야 한다는 거지.
특성
목표
교육을 잘 시키면 젊은이들이 훌륭한 덕성을 갖춘 시민으로 자라고,
덕성

이들에 의해서 바람직한 정치가 실현된다는 거야. 결국 교육의 성공이 곧 국가의 성공이라는 얘기지.
국가
이 정도로 아리스토텔레스는 교육을 중요하게 생각했어. 그렇다면 이렇게 중요한 교육을 누가 담당하는 것이 좋을까? 국가 아니면 개인?
국가
개인
국가가 담당하는 교육을 공교육이라고 하고
公教育
개인이 담당하는 교육을 사교육이라는 것쯤은 알고 있겠지?
私教育
요즘 늘어나는 사교육비 때문에 국가나 가정이나 모두 걱정하고 있다는 것도 잘 알지?
아빠~ 학원비!
윽….
아리스토텔레스라면 어떻게 했을까?
짐작대로야. 아리스토텔레스에게 사교육이라는 것은 어림도 없는 얘기야.
우걱
차라리 그 돈으로 고기나 사 먹지~!
우걱
손님 계산…?
모든 교육은 국가가 알아서 실시해야 하고, 그러한 내용은 반드시 법으로 규정해 놓아야 한다는 거지.
나도 허리가 휠 지경이야.
법
아리스토텔레스의 이론에 따르면, 개인은 국가를 구성하는 일부분이야. 어느 한 사람도 개인에게 속하는 경우는 없다는 거지.
국가
따라서 아무리 부모라 할지라도 자기가 가장 좋다고 생각하는 방식으로 자녀들을 교육시키는 것은 바람직하지 않다는 거야.
잘 좀 가르쳐 주세요~.
뭘 이런 걸 다….
헤헤..
족집게 과외

개인에 대한 관리가 곧 국가 전체에 대한 관리가 되는 만큼 교육은 반드시 국가 사업으로 실시해야 한다는 거지.
국가
아리스토텔레스는 국가를 위해서 시민 모두를 골고루 교육시키는 것이 아주 중요하다고 봤어.
국가
개인
개인
개인
개인
개인
그러기 위해서는 모두에게 교육의 기회를 공평하게 제공하는 것이 기본이지.
공
평
이런 일을 가장 적절하게 수행하기 위해서 반드시 국가가 교육을 담당해야 한다는 거야.
교
국가
육
물론 시민들에게만 해당되는 얘기지만 말이야.
아빠, 나도 교육 받고 싶어.
미안하다, 아들아..
노예
또 아리스토텔레스는 교육의 목적을 어디에 둬야 하는지도 고민했어.
그는 교육의 목적을 크게 세 가지로 봤어.
기술
덕
지식
① 생활하는 데 도움이 되는 기술을 익히는 것
② 높은 지식을 갖게 하는 것
③ 덕을 실천하게 하는 것
덕
이해
사랑
용서
이 중에 어떤 것이 가장 바람직한 최종 목표일까?
물론 세 가지 목표가 적절하게 조화를 이루는 것이 가장 바람직하다고 하겠지만, 그것은 현실적으로 아주 어려운 일이지.
기술
지식
덕

따라서 이 중에서 최종 목표가 돼야 하는 것은 덕을 실천하는 것이어야 해.
기술
덕
지식
생활하는 데 아무리 유익한 기술이라고 해도, 아무리 높은 지식을 가지고 있다고 해도, 그것이 덕을 실천하는 것과 연결되지 않으면 배울 때 힘들고 고통스럽기만 하다는 거야.
난 덕은 필요없어….
끙 끙
기술 지식
그러므로 아리스토텔레스는 어린이들에게 유익하다고 해서 모두 다 배우게 할 필요는 없다고 봤어.
얼마나 따야 하지?
참으로 필요하고 유익한 것, 다시 말해서 덕을 실천하는 데 도움이 되는 것들을 배우게 하는 게 중요하다는 거지.
욕심을 버리고 바구니에 담을 수 있을 정도만 따자.
그런데 요즘은 어떻지? 일단 많이 가르치고 보지? 다른 아이가 하는 것은 우리 아이도 해야 안심이 된다고 생각하는 부모님들 많지?
피아노
과 학
수학
미술
영어
태권도
수영
물론 자식 잘되라고 하는 마음이지만…. 그래도 아리스토텔레스는 이런 부모님들을 이해하지 못할 거야.
맙소사! 학원비 때문에 범죄까지 저지르다니….
자, 교육에 대한 아리스토텔레스의 생각을 구체적으로 살펴볼까?
아리스토텔레스는 교육 내용을 크게 네 가지 분야로 나눴어.
읽기와 쓰기
음 악
체 육
제도법

① 읽기와 쓰기는 다른 지식을 얻거나, 돈을 벌거나, 가정을 관리하거나, 정치에 참여하기 위해 필요한 거고
지식
가정 관리
읽기와쓰기
돈벌이
정치 참여
② 체육은 힘과 건강을 얻고 용기를 기르기 위해 필요하다는 거야.
체 육
용기
힘과 건강
음악은 바람직한 여가 생활을 즐기기 위해 필요하고
음 악
여가 생활
제도법은 아름다움을 표현하고 감상하기 위해 필요하다는 거지.
제 도 법
미의 표현
감상
그럼 이 중에서 가장 먼저 교육해야 할 내용은 무엇일까?
읽기와 쓰기
체 육
음 악
제도 법
바로 체육이야.
아리스토텔레스는 정신보다는 육체가 먼저 발달한다고 했어.
육체의 발달이 정신의 발달보다 먼저이기 때문에, 육체에 관한 교육을 먼저 하는 것이 자연스럽다는 거지.
아리스토텔레스는 자연의 이치를 따르지 않는 것을 아주 싫어했어.
그럼 어린이들에게 어떻게 체육을 가르치는 것이 바람직할까?
많은 국가들이 어린이들의 체육 교육에 커다란 관심을 가지고 있다는 것은 명백한 사실이야.
체육

하지만 어린이들을 제대로 교육시키는 국가는 거의 없다는 게 아리스토텔레스의 생각이었지.
그의 말에 따르면, 대부분의 국가는 국민이 힘세고 용감해지기를 바란다는 거야.
그래야 국가가 강해지고 이웃 나라와의 경쟁에서 이길 수 있다는 거지.
국가
국가
따라서 대부분의 국가는 용감한 국민을 길러내기 위해 많은 노력과 돈을 투자하게 돼.
그러다 보니 욕심이 생기고, 욕심이 지나치게 되면 어린이들의 교육에도 좋지 않은 영향을 끼치게 된다는 거야.
체육 교육의 목표를 어린이들을 강하게 만드는 걸로만 생각하고 마치 짐승처럼 어린이들을 다루게 된다는 거지.
촤악
어린이들에게 체육을 가르칠 때는 어린이들이 자연스럽게 습득할 수 있는지 반드시 고려해야 한다는 거야.
그렇지 않으면 체육 교육이 육체적, 정신적 성장에 나쁜 영향을 끼친다는 거지.

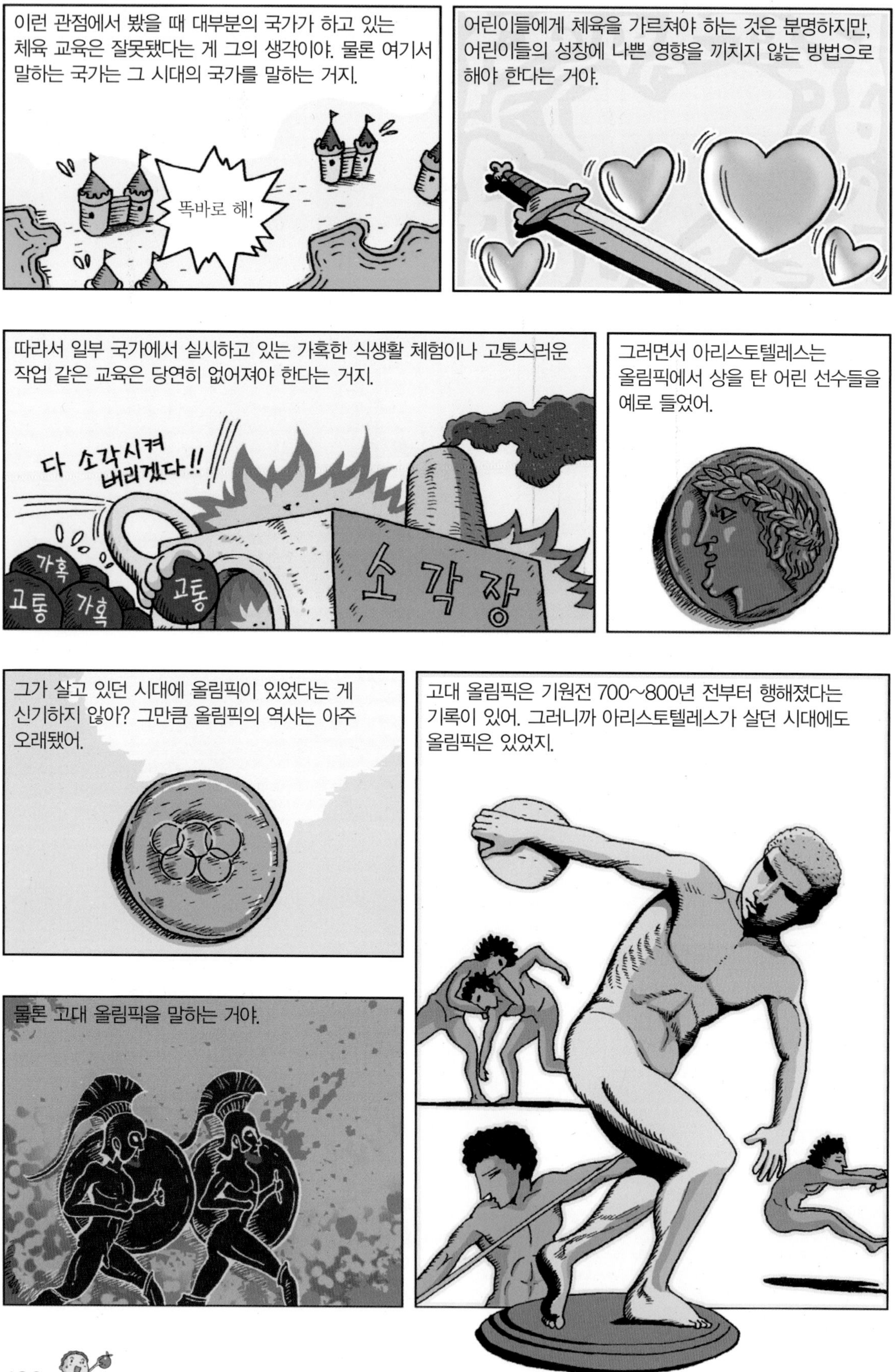
이런 관점에서 봤을 때 대부분의 국가가 하고 있는 체육 교육은 잘못됐다는 게 그의 생각이야. 물론 여기서 말하는 국가는 그 시대의 국가를 말하는 거지.
똑바로 해!
어린이들에게 체육을 가르쳐야 하는 것은 분명하지만, 어린이들의 성장에 나쁜 영향을 끼치지 않는 방법으로 해야 한다는 거야.
따라서 일부 국가에서 실시하고 있는 가혹한 식생활 체험이나 고통스러운 작업 같은 교육은 당연히 없어져야 한다는 거지.
다 소각시켜 버리겠다!!
가혹
고통
가혹
고통
소각장
그러면서 아리스토텔레스는 올림픽에서 상을 탄 어린 선수들을 예로 들었어.
그가 살고 있던 시대에 올림픽이 있었다는 게 신기하지 않아? 그만큼 올림픽의 역사는 아주 오래됐어.
물론 고대 올림픽을 말하는 거야.
고대 올림픽은 기원전 700~800년 전부터 행해졌다는 기록이 있어. 그러니까 아리스토텔레스가 살던 시대에도 올림픽은 있었지.

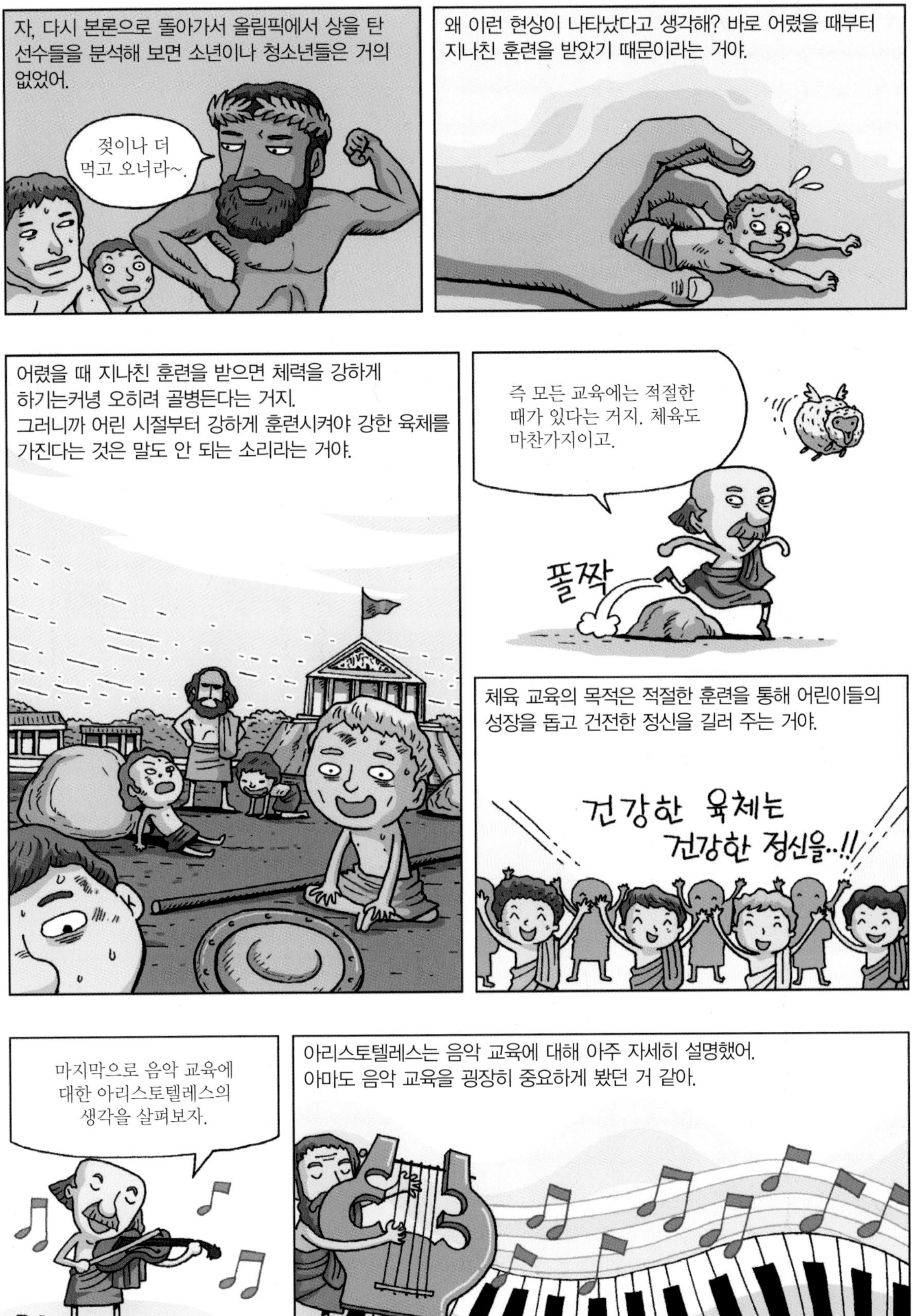
자, 다시 본론으로 돌아가서 올림픽에서 상을 탄 선수들을 분석해 보면 소년이나 청소년들은 거의 없었어.
젖이나 더 먹고 오너라~.
왜 이런 현상이 나타났다고 생각해? 바로 어렸을 때부터 지나친 훈련을 받았기 때문이라는 거야.
어렸을 때 지나친 훈련을 받으면 체력을 강하게 하기는커녕 오히려 골병든다는 거지.
그러니까 어린 시절부터 강하게 훈련시켜야 강한 육체를 가진다는 것은 말도 안 되는 소리라는 거야.
즉 모든 교육에는 적절한 때가 있다는 거지. 체육도 마찬가지이고.
폴짝
체육 교육의 목적은 적절한 훈련을 통해 어린이들의 성장을 돕고 건전한 정신을 길러 주는 거야.
건강한 육체는 건강한 정신을..!!
마지막으로 음악 교육에 대한 아리스토텔레스의 생각을 살펴보자.
아리스토텔레스는 음악 교육에 대해 아주 자세히 설명했어.
아마도 음악 교육을 굉장히 중요하게 봤던 거 같아.

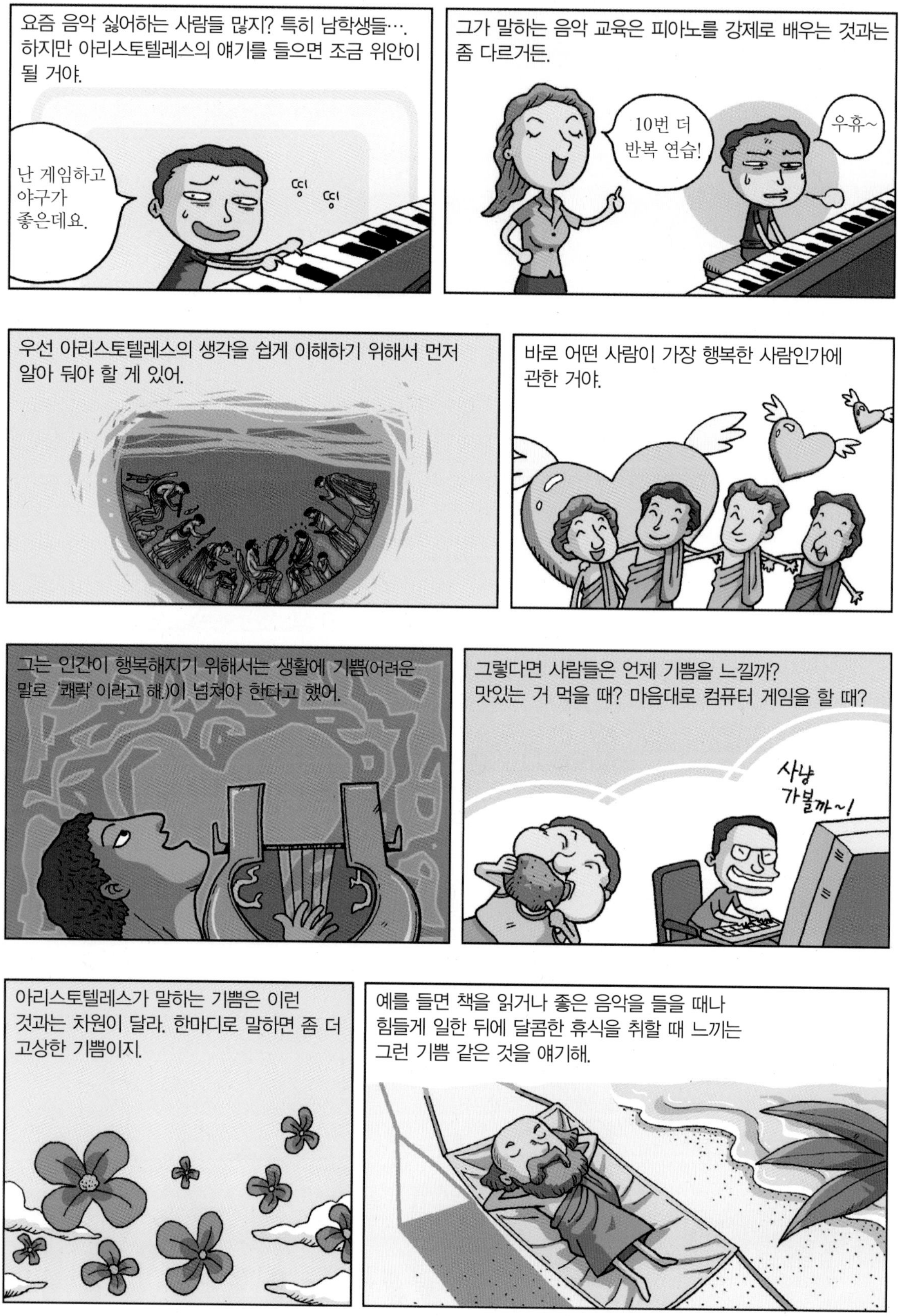
요즘 음악 싫어하는 사람들 많지? 특히 남학생들…. 하지만 아리스토텔레스의 얘기를 들으면 조금 위안이 될 거야.
난 게임하고 야구가 좋은데요.
띵 띵
그가 말하는 음악 교육은 피아노를 강제로 배우는 것과는 좀 다르거든.
10번 더 반복 연습!
우휴~
우선 아리스토텔레스의 생각을 쉽게 이해하기 위해서 먼저 알아 둬야 할 게 있어.
바로 어떤 사람이 가장 행복한 사람인가에 관한 거야.
그는 인간이 행복해지기 위해서는 생활에 기쁨(어려운 말로 '쾌락'이라고 해.)이 넘쳐야 한다고 했어.
그렇다면 사람들은 언제 기쁨을 느낄까? 맛있는 거 먹을 때? 마음대로 컴퓨터 게임을 할 때?
사냥 가볼까~!
아리스토텔레스가 말하는 기쁨은 이런 것과는 차원이 달라. 한마디로 말하면 좀 더 고상한 기쁨이지.
예를 들면 책을 읽거나 좋은 음악을 들을 때나 힘들게 일한 뒤에 달콤한 휴식을 취할 때 느끼는 그런 기쁨 같은 것을 얘기해.

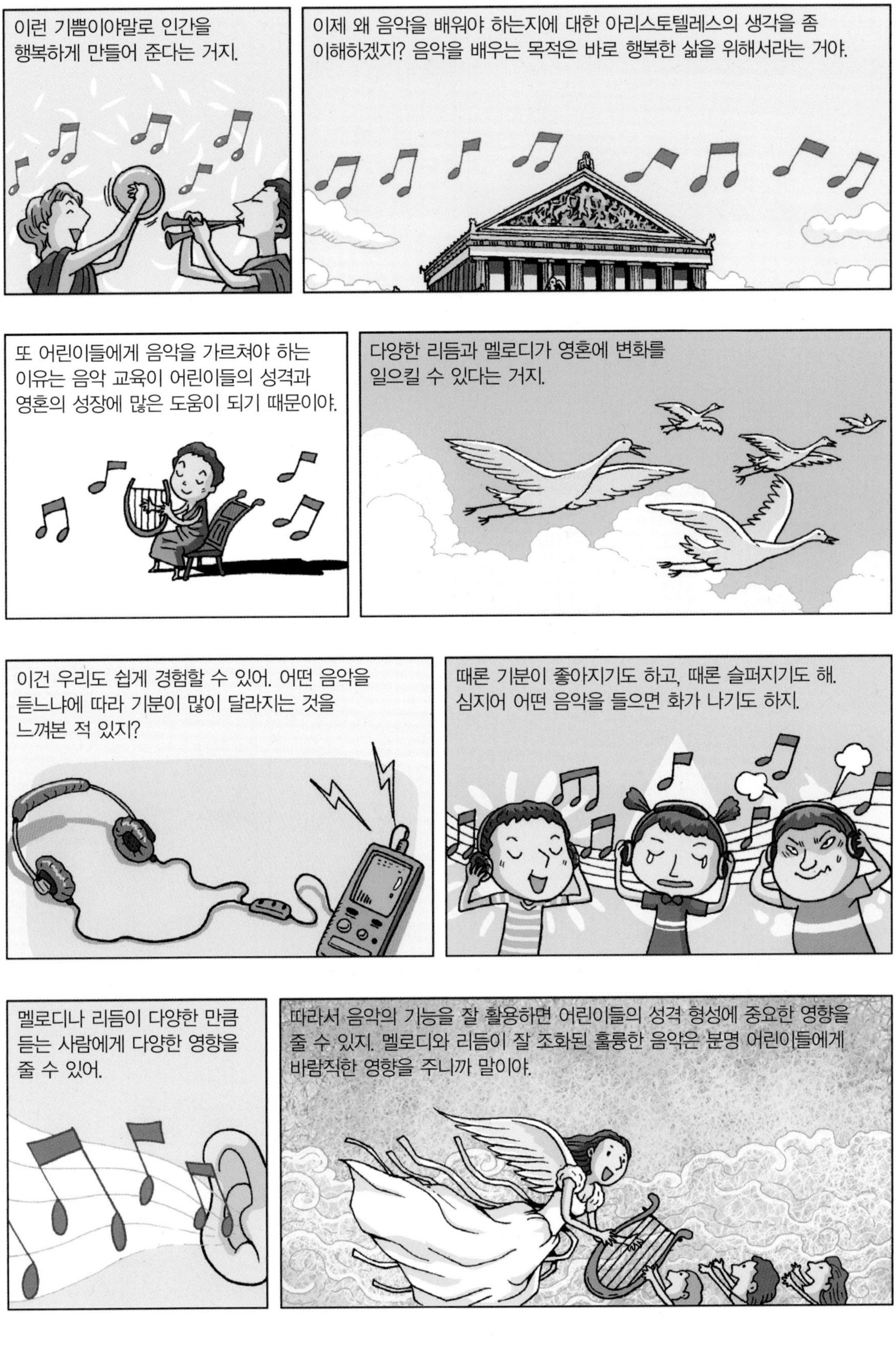
이런 기쁨이야말로 인간을
행복하게 만들어 준다는 거지.
이제 왜 음악을 배워야 하는지에 대한 아리스토텔레스의 생각을 좀
이해하겠지? 음악을 배우는 목적은 바로 행복한 삶을 위해서라는 거야.
또 어린이들에게 음악을 가르쳐야 하는
이유는 음악 교육이 어린이들의 성격과
영혼의 성장에 많은 도움이 되기 때문이야.
다양한 리듬과 멜로디가 영혼에 변화를
일으킬 수 있다는 거지.
이건 우리도 쉽게 경험할 수 있어. 어떤 음악을
듣느냐에 따라 기분이 많이 달라지는 것을
느껴본 적 있지?
때론 기분이 좋아지기도 하고, 때론 슬퍼지기도 해.
심지어 어떤 음악을 들으면 화가 나기도 하지.
멜로디나 리듬이 다양한 만큼
듣는 사람에게 다양한 영향을
줄 수 있어.
따라서 음악의 기능을 잘 활용하면 어린이들의 성격 형성에 중요한 영향을
줄 수 있지. 멜로디와 리듬이 잘 조화된 훌륭한 음악은 분명 어린이들에게
바람직한 영향을 주니까 말이야.

국가가 요구하는 가장 바람직한 인간을 길러내는 것이 교육의 목적이라면 음악이 훌륭하게 그 역할을 할 수 있어.
아리스토텔레스는 어렸을 때 음악 교육을 하는 것이 중요하다고 봤어. 한 사람의 성격이나 인품은 어렸을 때부터 결정되니까.
어른이 되면 성격이나 인품이 완성되기 때문에 고치기 힘들어.
음악의 영향력이 그만큼 줄어든다는 얘기지. 하지만 어렸을 땐 마치 하얀 도화지 같아서 얼마든지 새로운 그림을 그릴 수 있다는 거지.
아리스토텔레스는 음악 교육법에 대해서도 독특한 생각을 가지고 있었어.
어린이들에게 음악 교육을 시키되 악기를 연주하는 기술보다 좋은 음악을 감상하는 법을 먼저 가르쳐야 한다는 거야.
고상한 멜로디와 리듬을 감상하는 방법을 배우고
그 다음에 연주 기술을 배워야 음악을 제대로 연주할 수 있다는 거지.
아리스토텔레스는 어린이들이 직업적인 연주자가 되는 것을 반대했어.
연주 좀…?
좋습니다.
직업적인 연주가들은 청중들에게 기쁨을 주기 위해서만 연주한다는 거야.

그리고 그 결과로 대가를 받는 것은 음악의 진정한 목적이 아니라는 거지.
음악 본래의 기능을 잊어버리면 안 된다는 거였어.
팅
진정한 음악 교육이란 훌륭한 음악이 뭔지를 선택하여 올바르게 감상할 수 있는 방법을 알게 해 주는 것이야.
그래야만 음악을 통해 진정한 기쁨을 누릴 수 있고, 그럴 때 행복하다는 거지.
또 아리스토텔레스는 어린이들에게 가르쳐야 할 악기의 종류에 대해서도 관심을 보였어. 재미있는 것은 피리를 어린이들에게 가르치면 안 된다고 했어.
소리가 너무 자극적이어서 어린이들의 정서에 별 도움이 되지 못한다는 거야.
삐리리리~
여러분들이야 별로 동의하지 않겠지만…. 아리스토텔레스가 얘기하고 싶었던 것은 너무 어렵거나, 소리가 자극적인 악기는 어린이들에게 가르쳐서는 안 된다고 했어.
삐리리리
지금까지 교육에 대한 아리스토텔레스의 생각을 정리하면 이렇게 말할 수 있어.
어린이들의 교육은 어느 한쪽으로 치우쳐서는 안 되며, 쉽게 배울 수 있는 내용을 가르쳐야 해. 그리고 어린이들의 지적, 정서적 발달에 적합한 내용을 가르쳐야 하지. 이러한 것들은 오늘날에도 중요하게 생각되는 원칙이고.

최초의 대학

대학의 기원은 중국 주나라 때의 국학 기관이나 기원전 387년경에 플라톤이 설립한 아카데메이아 등에서 찾을 수 있어요. 하지만 현대적 의미의 대학은 중세 말경 유럽에서 시작되었답니다. 중세 말 십자군 원정을 통해 유럽 문물과 아랍 문물이 활발하게 교류되면서 철학, 의학, 법학 등 다양한 지식들이 유럽으로 들어오게 되지요. 새로운 지식을 접하게 된 사람들은 그 어느 때보다도 새로운 지식을 배우려는 열망으로 가득찼답니다. 배우려는 사람들이 많아지면 자연스럽게 이들을 가르치려는 사람들도 나타나게 되었지요. 이들은 서로의 필요에 의하여 일종의 단체(법인)를 만들게 되었는데, 이것이 바로 대학이 생겨나게 된 배경이라고 해요.

당시에 생겨났던 대학으로는 이탈리아 남부 휴양지에 위치한, 의학 중심의 살레르노 대학(1060년), 이탈리아 북부 중앙에 위치한 법학 중심의 볼로냐 대학(1088년), 프랑스 파리에 위치한 신학과 철학 중심의 파리 대학(1215년) 등이 있어요. 이들 초기 대학들은 18세기 말까지 교회나 국가에서 일하도록 젊은이들을 교육시키는 일을 주로 했어요. 그러다가 19세기에 들어와서야 근대적 의미의 대학이 설립되기 시작했지요.

근대적 의미의 최초 대학은 베를린 대학이에요. 베를린 대학은 1810년에 독일에서 창립된 대학인데, 대학의 자유를 중요하게 생각했으며 학생들은 공동생활을 하면서 학문을 연구하고 진리를 탐구하도록 했어요.

한편 영국에서는 옥스퍼드 대학과 케임브리지 대학이 있어 귀족 계급을 중심으로 훌륭한 인격을 갖춘 신사

와 지도자를 길러내는 기능을 담당했어요. 그 후 런던 대학(1836년)을 비롯한 많은 대학들이 생겨남으로써 일반 평민들도 대학에 들어갈 수 있게 되었습니다.

미국에서도 하버드 대학(1636년)을 비롯한 초기 대학들이 영국대학의 모형을 본받아 설립되었습니다. 그러나 19세기 이후부터 미국의 대학은 학문의 실용성을 강조하고 대학의 문을 누구에게나 개방하는 등 독자적인 길을 걷기 시작하여 오늘에 이르고 있습니다.

그렇다면 우리나라의 경우는 어떨까요?

우리나라에도 태학(고구려), 국학(신라), 국자감(고려), 성균관(조선) 등과 같이 대학의 기원으로 볼 수 있는 교육 기관들은 아주 오래전부터 있었습니다. 하지만 근대적 의미의 대학이 설립된 것은 일제 시대 세브란스, 보성, 연희, 이화, 숙명 등의 전문학교가 세워진 이후부터라고 합니다.

대학이라는 명칭으로 설립된 것은 일본 정부가 설립한 경성제국 대학(지금의 서울 대학교)이 최초라고 합니다. 물론 광복이 된 뒤에는 이들 전문학교가 모두 대학으로 승격했고, 그 후 많은 국립대학과 사립대학이 각지에 설립되어 현재에 이르고 있습니다.

지금까지 아리스토텔레스가 쓴 《정치학》의 내용을 중요한 주제별로 살펴봤어.

어때? 좀 어려운 내용들이 많아서 이해했을지 궁금하군.
이번에는 지금까지 설명한 내용을 다시 한 번 정리할 거니까 조금만 더 힘을 내.

아리스토텔레스는 만물박사라고 했던 거 기억나지? 그만큼 여러 분야에 걸쳐 연구 활동을 활발하게 했던 사람이야. 엄청나게 다양한 분야의 책들을 읽었고, 수많은 철학자들의 사상을 분석하고, 비판하고, 체계적으로 정리했어.

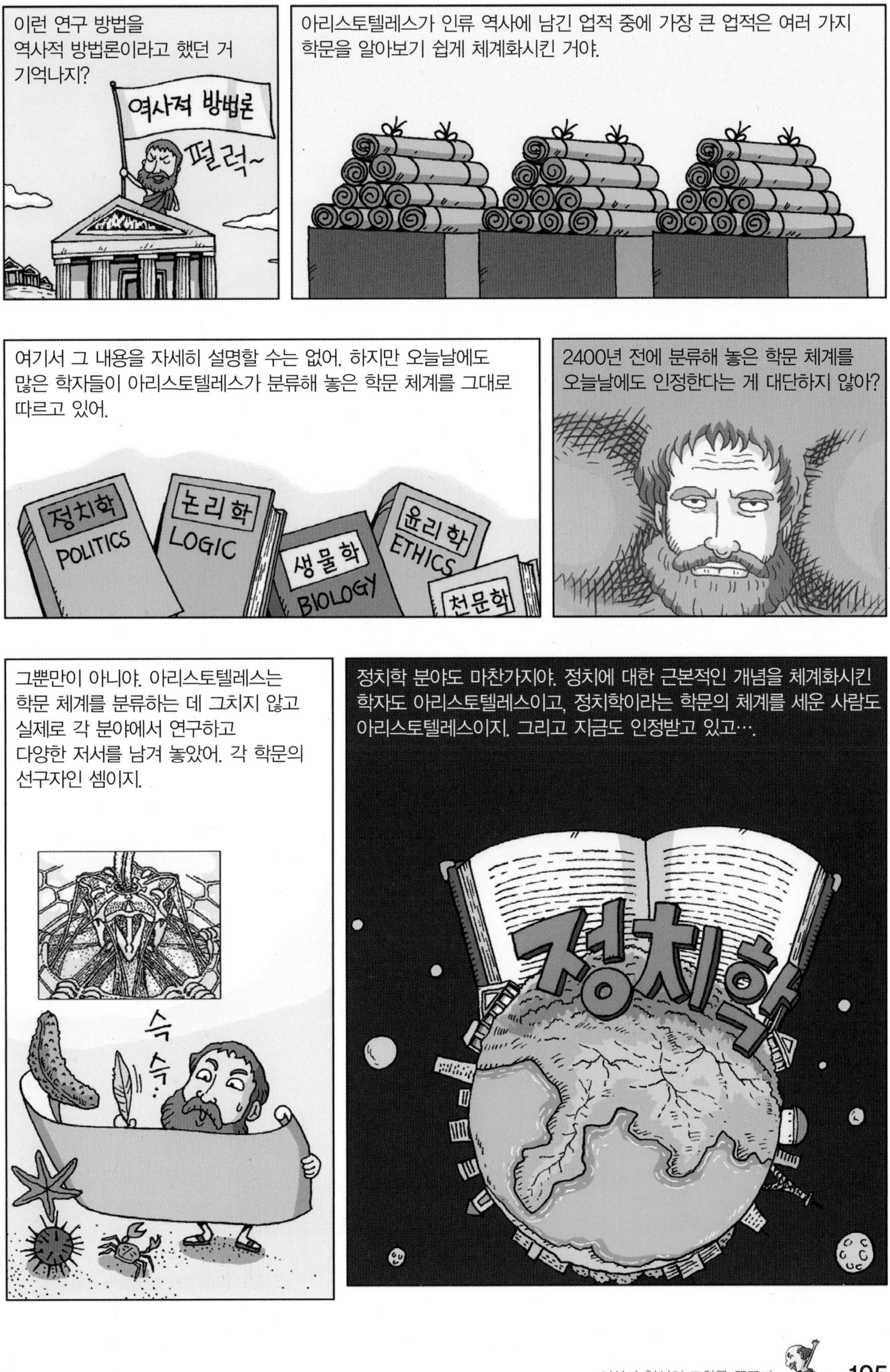
이런 연구 방법을
역사적 방법론이라고 했던 거
기억나지?
역사적 방법론
펄럭~
아리스토텔레스가 인류 역사에 남긴 업적 중에 가장 큰 업적은 여러 가지
학문을 알아보기 쉽게 체계화시킨 거야.
여기서 그 내용을 자세히 설명할 수는 없어. 하지만 오늘날에도
많은 학자들이 아리스토텔레스가 분류해 놓은 학문 체계를 그대로
따르고 있어.
정치학
POLITICS
논리학
LOGIC
생물학
BIOLOGY
윤리학
ETHICS
천문학
2400년 전에 분류해 놓은 학문 체계를
오늘날에도 인정한다는 게 대단하지 않아?
그뿐만이 아니야. 아리스토텔레스는
학문 체계를 분류하는 데 그치지 않고
실제로 각 분야에서 연구하고
다양한 저서를 남겨 놓았어. 각 학문의
선구자인 셈이지.
슥
슥
정치학 분야도 마찬가지야. 정치에 대한 근본적인 개념을 체계화시킨
학자도 아리스토텔레스이고, 정치학이라는 학문의 체계를 세운 사람도
아리스토텔레스이지. 그리고 지금도 인정받고 있고….
정치학

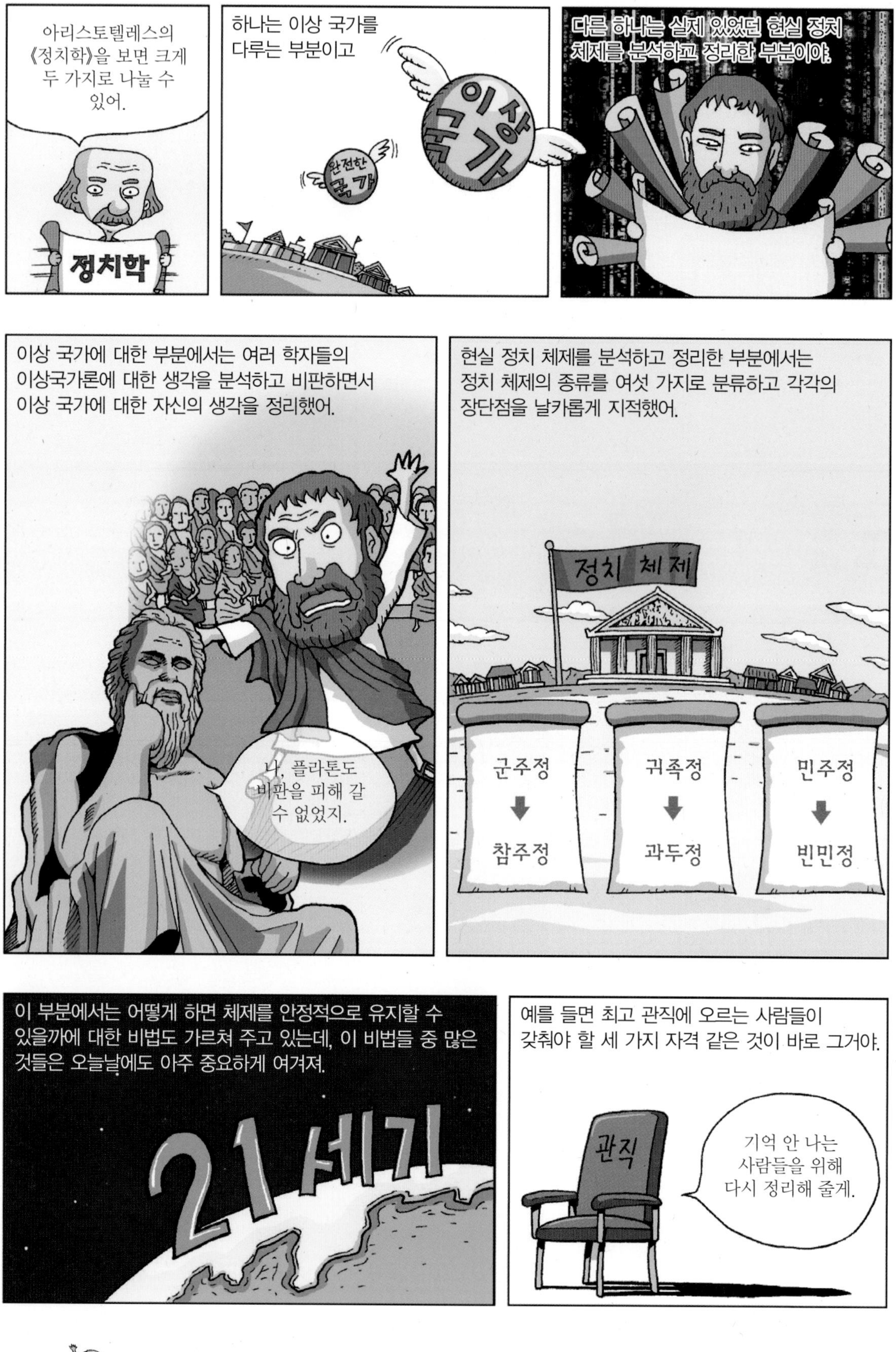
아리스토텔레스의 《정치학》을 보면 크게 두 가지로 나눌 수 있어.
정치학
하나는 이상 국가를 다루는 부분이고
이상 국가
완전한 국가
다른 하나는 실제 있었던 현실 정치 체제를 분석하고 정리한 부분이야.
이상 국가에 대한 부분에서는 여러 학자들의 이상국가론에 대한 생각을 분석하고 비판하면서 이상 국가에 대한 자신의 생각을 정리했어.
나, 플라톤도 비판을 피해 갈 수 없었지.
현실 정치 체제를 분석하고 정리한 부분에서는 정치 체제의 종류를 여섯 가지로 분류하고 각각의 장단점을 날카롭게 지적했어.
정치 체제
군주정
참주정
귀족정
과두정
민주정
빈민정
이 부분에서는 어떻게 하면 체제를 안정적으로 유지할 수 있을까에 대한 비법도 가르쳐 주고 있는데, 이 비법들 중 많은 것들은 오늘날에도 아주 중요하게 여겨져.
21세기
예를 들면 최고 관직에 오르는 사람들이 갖춰야 할 세 가지 자격 같은 것이 바로 그거야.
관직
기억 안 나는 사람들을 위해 다시 정리해 줄게.

첫째, 국가에 대한 충성심이 높아야 하고
둘째, 최고의 행정 능력을 가져야 하며
셋째, 정의롭고 도덕성이 높아야 한다.
오늘날에도 이런 사람이 지도자가 된다면 얼마나 좋을까? 그 선택은 국민들이 직접 하는 거니까 세상을 바르게 바라볼 수 있는 눈을 기르는 게 중요해.
투표함
자, 이제 아리스토텔레스의 《정치학》에서 가장 중요한 부분을 다시 정리해 볼까?
우선 국가에 대해 정리해 볼게.
국가
아리스토텔레스는 '인간은 정치적 동물이다.' 라고 했어. 인간은 공동체를 떠나서는 살 수 없다는 의미로 이해하면 돼.
공동체
공동체적 특성을 가진 사람이 처음에는 가정 단위로 모여 살다가 점차 그 규모가 커져서 더 이상 외부의 도움없이 스스로 문제를 해결할 수 있는 상태가 되면 바로 국가가 되는 거지.

여기서 중요한 점은, 국가는 자연적으로 생겨난다는 거야.
국가
인간의 노력으로 만들어지는 게 아니라 인간이 가지고 태어난 본성 때문에 저절로 생겨난다는 거야.
인간
결국 국가는 공동생활을 원하는 인간의 최종 목적이라는 거지. 그러니까 국가는 가정이나 개인보다 우선하는 거야. 이 말은 개인이나 가정보다 국가가 더 중요하다는 뜻이지.
국가
다음으로 가정에 대해 정리해 볼게.
가정
아리스토텔레스는 가정에는 네 가지 기본 요소가 있다고 봤어.
① 주인과 노예
② 남편과 아내
③ 부모와 자녀
④ 재산 획득 기술
여기서 우리는 아리스토텔레스가 살던 시대에는 노예 제도를 인정하고 있다는 것을 알 수 있어.
노예 제도
당시 노예 제도는 가정과 국가를 유지하는 중요한 기반이었거든.
유
익
노예 제도
주인
노예

아리스토텔레스가 가정에서 강조했던 것은 주인이든, 노예든, 남편이든, 아내든 각자 가지고 태어난 목적대로 최선을 다하면 서로 조화를 이루어서 바람직한 가정이 된다는 거야. 그리고 이것은 국가의 경우도 마찬가지라는 거지.
다음으로 정리할 것은 이미 있었던 이상국가론에 대한 비판이야.
이상
아리스토텔레스는 우선 스승이었던 플라톤의 생각을 비판하는 것부터 시작해.
VS
두 사람 모두 국가의 목적이 도덕적으로 최선의 생활을 누리기 위한 공동생활이 돼야 한다는 것에는 의견을 같이했어.
공동생활
하지만 그것을 이루기 위한 방법에서 차이를 보였지.
플라톤은 국가가 하나로 통합돼야 효율적으로 목적을 달성할 수 있다고 봤어.
통합
반면 아리스토텔레스는 통합이 아니라 각자의 능력을 최대한으로 발휘하는 체제를 원했어.
능력
능력
능력
능력
능력

아리스토텔레스는 또 팔레스의 견해를 비판하면서 이상 국가에 대한 자신의 생각을 좀 더 구체적으로 펼쳤어.

이상적인 국가를 위해서는 재산을 공평하게 가질 수 있도록 하는 것도 중요하지만, 인구를 적절하게 통제하는 것도 중요하다고 봤지.
$

인구가 많아지면 개인에게 돌아가는 몫도 줄어들기 때문에 불만이 생길 수 있기 때문이라는 거야.
$

또 범죄는 재산뿐만 아니라 인간의 탐욕에서 발생하기 때문에 교육을 통해 탐욕을 다스리는 방법을 가르쳐야 한다고 봤어.
탐욕

그리고 국가는 이웃 나라들과의 관계를 고려하여 너무 많지도 적지도 않게 적절히 국가 재산을 가져야 한다고 주장했어.
국가
국가
국가

그렇다면 아리스토텔레스가 생각하고 있는 가장 바람직한 국가는 구체적으로 어떤 모습일까?

먼저 적당한 인구가 있어야 된다고 봤어. 적당한 인구란 국가를 유지하는 데 필요한 모든 문제를 스스로 해결할 수 있어야 하며, 조직적인 통치가 가능한 만큼의 인구를 말해.

그리고 국가가 자급자족할 수 있을 정도의 영토가 있어야 하는데, 크고 넓다고 좋은 것이 아니라 한 나라를 방어하기에 충분한 조건을 갖춰야 한다고 봤어. 이 밖에도 바다와 육지를 적절하게 활용하며 한 나라를 효과적으로 통치할 수 있는 곳에 도시의 위치를 정하는 것도 중요하다고 봤어.

또한 국가의 존속을 위해서는 ① 먹고 살기 위한 음식 ② 생산 활동에 필요한 기술 ③ 국내 · 외 질서 유지를 위한 무기(군대) ④ 국가 유지를 위한 재정수입(돈) ⑤ 종교 ⑥ 무엇이 정당한지 결정하는 권력 등이 있어야 한다고 했지.
권력

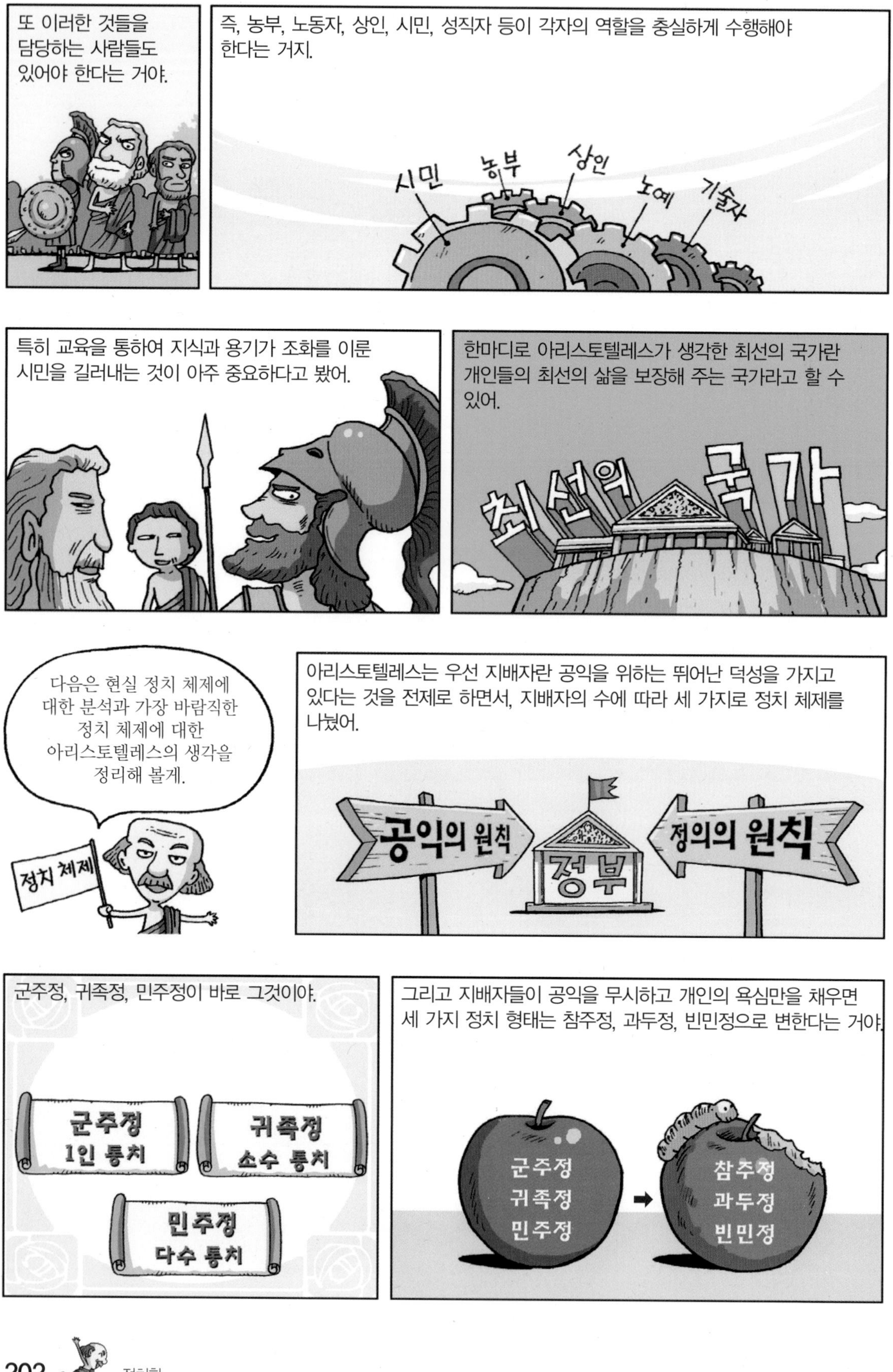

또 이러한 것들을 담당하는 사람들도 있어야 한다는 거야.
즉, 농부, 노동자, 상인, 시민, 성직자 등이 각자의 역할을 충실하게 수행해야 한다는 거지.
시민
농부
상인
노예
기술자
특히 교육을 통하여 지식과 용기가 조화를 이룬 시민을 길러내는 것이 아주 중요하다고 봤어.
한마디로 아리스토텔레스가 생각한 최선의 국가란 개인들의 최선의 삶을 보장해 주는 국가라고 할 수 있어.
최선의 국가
다음은 현실 정치 체제에 대한 분석과 가장 바람직한 정치 체제에 대한 아리스토텔레스의 생각을 정리해 볼게.
정치 체제
아리스토텔레스는 우선 지배자란 공익을 위하는 뛰어난 덕성을 가지고 있다는 것을 전제로 하면서, 지배자의 수에 따라 세 가지로 정치 체제를 나눴어.
공익의 원칙
정부
정의의 원칙
군주정, 귀족정, 민주정이 바로 그것이야.
군주정 1인 통치
귀족정 소수 통치
민주정 다수 통치
그리고 지배자들이 공익을 무시하고 개인의 욕심만을 채우면 세 가지 정치 형태는 참주정, 과두정, 빈민정으로 변한다는 거야.
군주정
귀족정
민주정
참주정
과두정
빈민정

이 중에서 가장 바람직한 정치 형태는 무엇일까?
정치 체제
물론 아리스토텔레스가 어느 한 정치 체제를 꼬집어 말한 적은 없어. 하지만 그가 중요하게 생각하는 것을 바탕으로 정리해 보면 가장 바람직한 정치 체제는 두 가지 조건을 가져야 해.
민주정
귀족정
군주정
하나는 부자나 가난한 자 어느 쪽에도 치우치지 않은 다수의 중간 계급이 통치해야 하고,
중간계급
다른 하나는 누구나 동의하는 정의로운 법에 의해 통치되는 체제여야 한다는 거야.
법
아리스토텔레스는 바로 민주정을 가장 바람직한 정치 체제로 본 것 같아. 오늘날에도 많은 나라들이 여기에 기본을 둔 정치 체제를 택한다는 것은 정말 놀라운 사실이야.
민주정
이러한 정치 체제는 여러 가지 원인에 의해 변화를 겪게 되는데, 아리스토텔레스는 이것을 '혁명'이라고 표현했어.
혁명

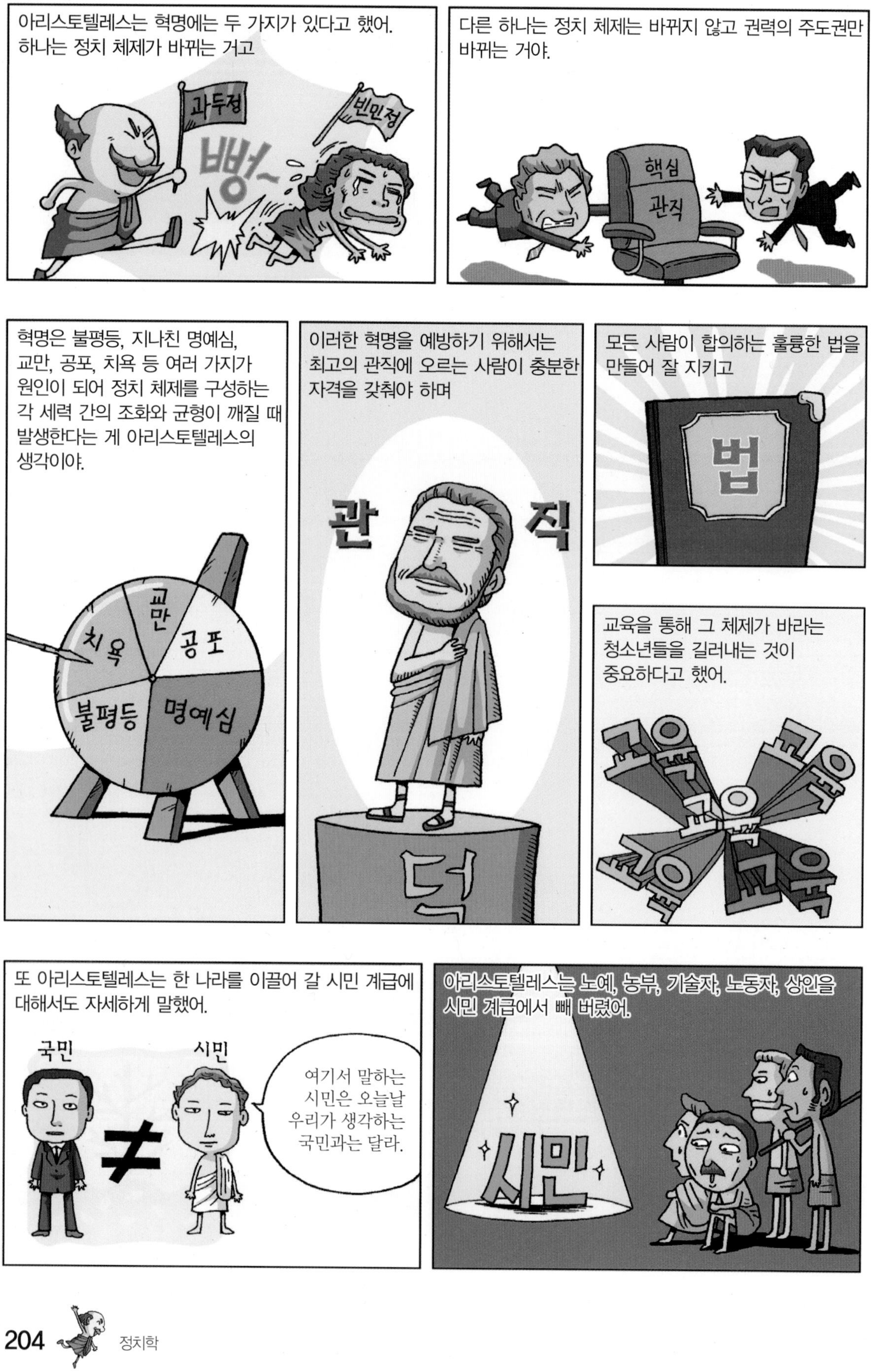
아리스토텔레스는 혁명에는 두 가지가 있다고 했어.
하나는 정치 체제가 바뀌는 거고
과두정
빈민정
뻥~
다른 하나는 정치 체제는 바뀌지 않고 권력의 주도권만 바뀌는 거야.
핵심 관직
혁명은 불평등, 지나친 명예심, 교만, 공포, 치욕 등 여러 가지가 원인이 되어 정치 체제를 구성하는 각 세력 간의 조화와 균형이 깨질 때 발생한다는 게 아리스토텔레스의 생각이야.
교만
공포
치욕
불평등
명예심
이러한 혁명을 예방하기 위해서는 최고의 관직에 오르는 사람이 충분한 자격을 갖춰야 하며
관 직
덕
모든 사람이 합의하는 훌륭한 법을 만들어 잘 지키고
법
교육을 통해 그 체제가 바라는 청소년들을 길러내는 것이 중요하다고 했어.
교육 교육 교육 교육 교육 교육
또 아리스토텔레스는 한 나라를 이끌어 갈 시민 계급에 대해서도 자세하게 말했어.
국민
시민
≠
여기서 말하는 시민은 오늘날 우리가 생각하는 국민과는 달라.
아리스토텔레스는 노예, 농부, 기술자, 노동자, 상인을 시민 계급에서 빼 버렸어.
시민

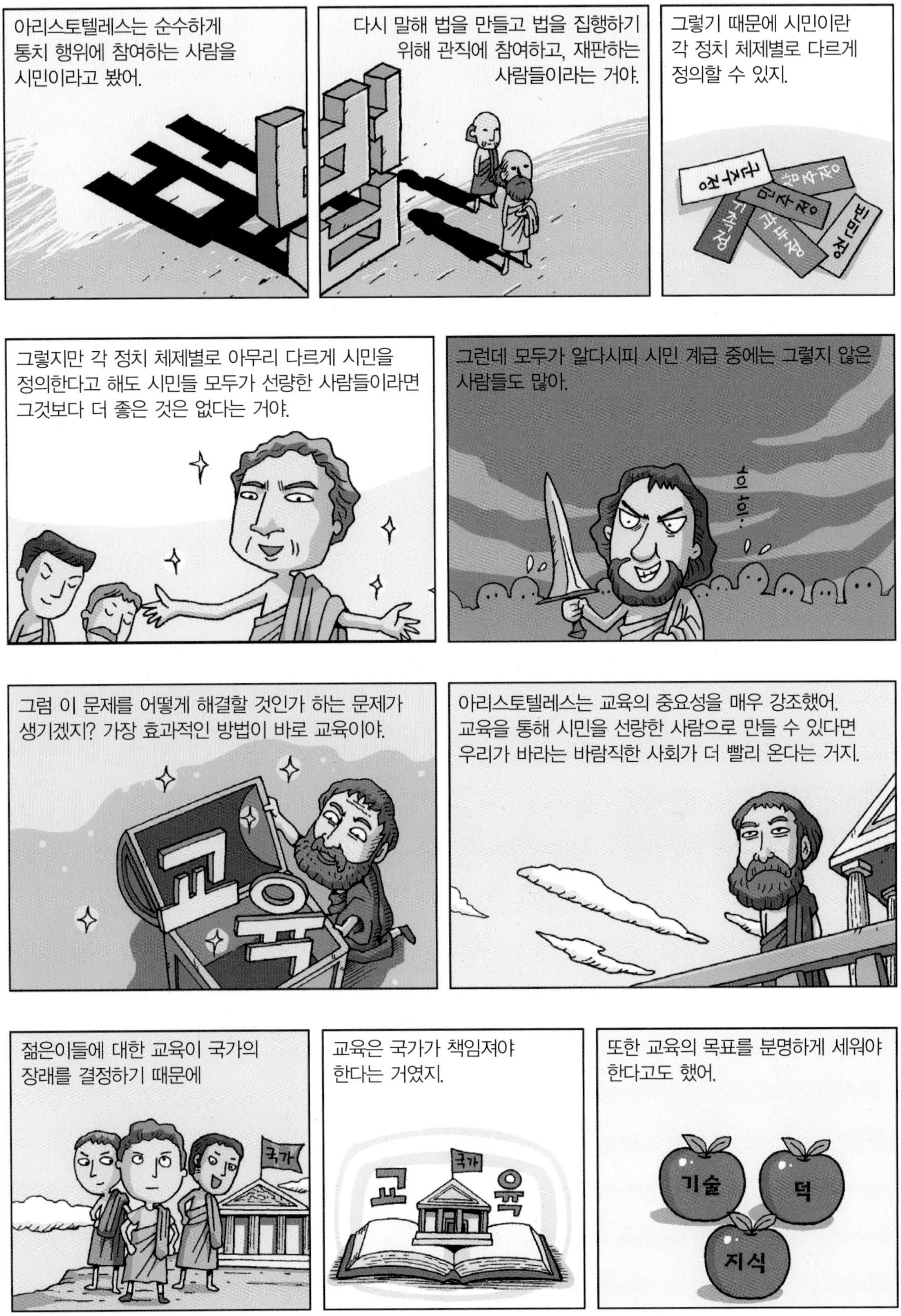
아리스토텔레스는 순수하게
통치 행위에 참여하는 사람을
시민이라고 봤어.
법
다시 말해 법을 만들고 법을 집행하기
위해 관직에 참여하고, 재판하는
사람들이라는 거야.
그렇기 때문에 시민이란
각 정치 체제별로 다르게
정의할 수 있지.
군주정
민주정
귀족정
과두정
빈민정
그렇지만 각 정치 체제별로 아무리 다르게 시민을
정의한다고 해도 시민들 모두가 선량한 사람들이라면
그것보다 더 좋은 것은 없다는 거야.
그런데 모두가 알다시피 시민 계급 중에는 그렇지 않은
사람들도 많아.
흐흐...
그럼 이 문제를 어떻게 해결할 것인가 하는 문제가
생기겠지? 가장 효과적인 방법이 바로 교육이야.
교육
아리스토텔레스는 교육의 중요성을 매우 강조했어.
교육을 통해 시민을 선량한 사람으로 만들 수 있다면
우리가 바라는 바람직한 사회가 더 빨리 온다는 거지.
젊은이들에 대한 교육이 국가의
장래를 결정하기 때문에
국가
교육은 국가가 책임져야
한다는 거였지.
국가
교육
또한 교육의 목표를 분명하게 세워야
한다고도 했어.
기술
덕
지식

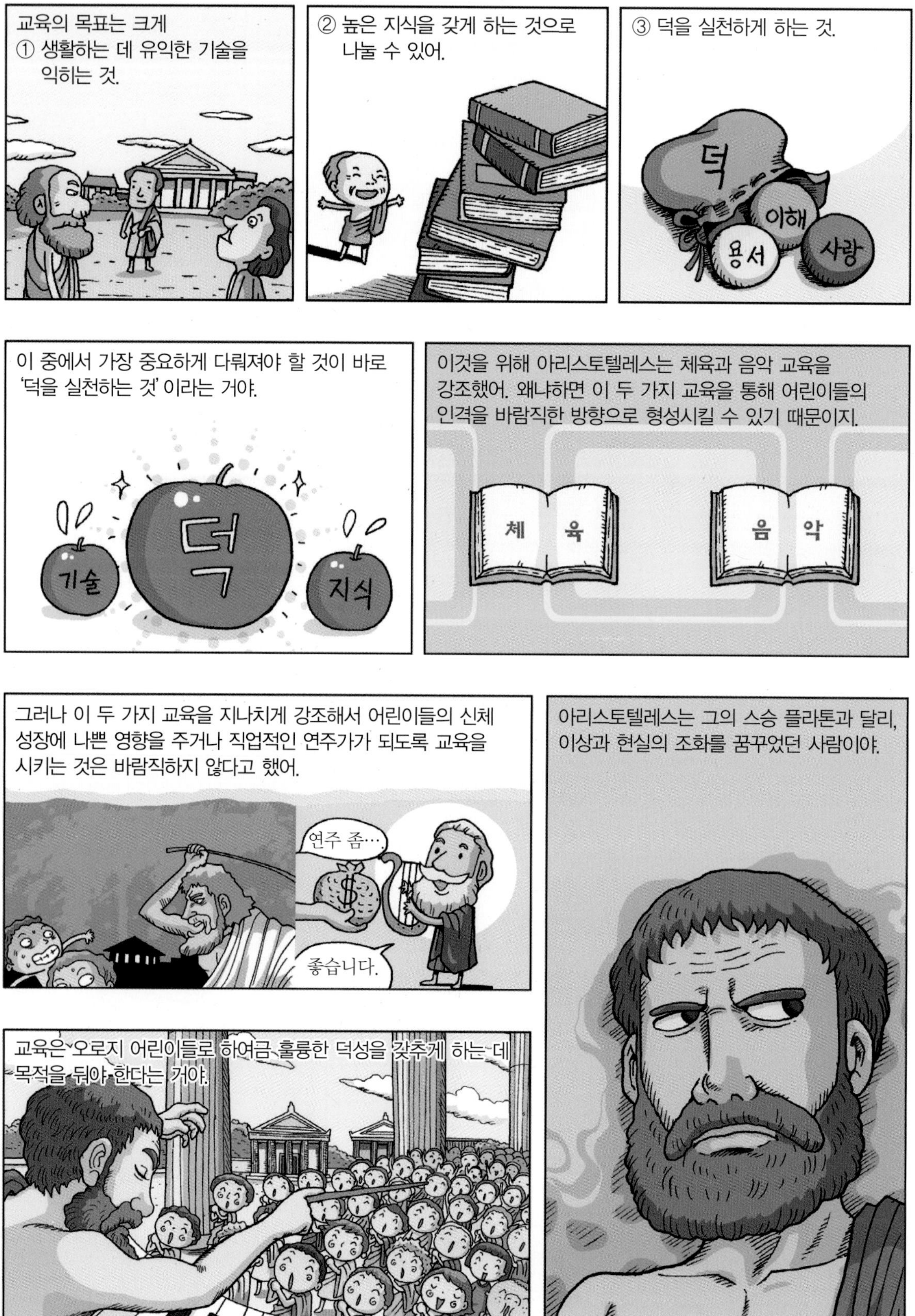
교육의 목표는 크게
① 생활하는 데 유익한 기술을 익히는 것.
② 높은 지식을 갖게 하는 것으로 나눌 수 있어.
③ 덕을 실천하게 하는 것.
덕
이해
용서
사랑
이 중에서 가장 중요하게 다뤄져야 할 것이 바로 '덕을 실천하는 것'이라는 거야.
기술
덕
지식
이것을 위해 아리스토텔레스는 체육과 음악 교육을 강조했어. 왜냐하면 이 두 가지 교육을 통해 어린이들의 인격을 바람직한 방향으로 형성시킬 수 있기 때문이지.
체 육
음 악
그러나 이 두 가지 교육을 지나치게 강조해서 어린이들의 신체 성장에 나쁜 영향을 주거나 직업적인 연주가가 되도록 교육을 시키는 것은 바람직하지 않다고 했어.
연주 좀…
$
좋습니다.
교육은 오로지 어린이들로 하여금 훌륭한 덕성을 갖추게 하는 데 목적을 둬야 한다는 거야.
아리스토텔레스는 그의 스승 플라톤과 달리, 이상과 현실의 조화를 꿈꾸었던 사람이야.

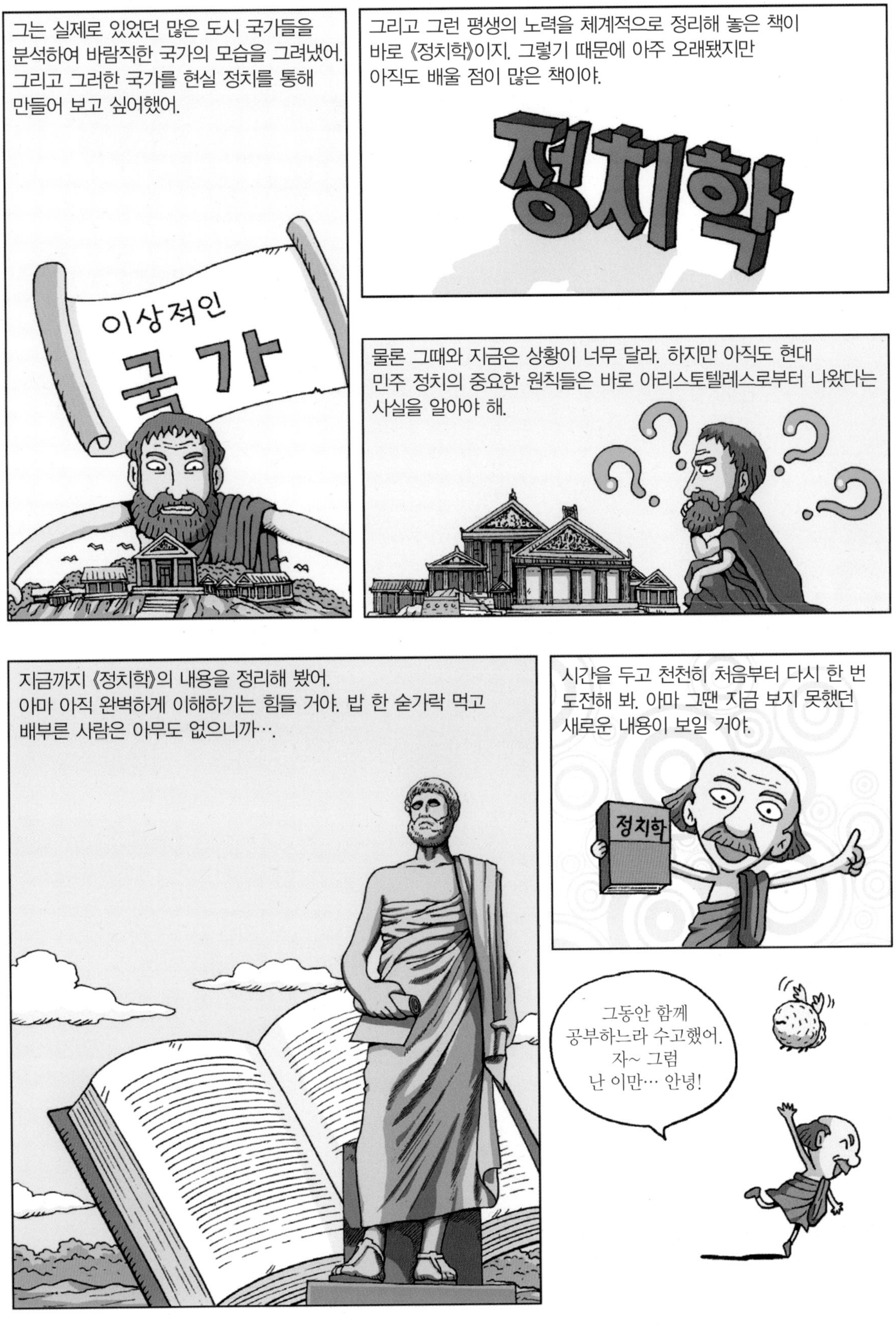
그는 실제로 있었던 많은 도시 국가들을 분석하여 바람직한 국가의 모습을 그려냈어. 그리고 그러한 국가를 현실 정치를 통해 만들어 보고 싶어했어.
이상적인 국가
그리고 그런 평생의 노력을 체계적으로 정리해 놓은 책이 바로 《정치학》이지. 그렇기 때문에 아주 오래됐지만 아직도 배울 점이 많은 책이야.
정치학
물론 그때와 지금은 상황이 너무 달라. 하지만 아직도 현대 민주 정치의 중요한 원칙들은 바로 아리스토텔레스로부터 나왔다는 사실을 알아야 해.
지금까지 《정치학》의 내용을 정리해 봤어. 아마 아직 완벽하게 이해하기는 힘들 거야. 밥 한 숟가락 먹고 배부른 사람은 아무도 없으니까….
시간을 두고 천천히 처음부터 다시 한 번 도전해 봐. 아마 그땐 지금 보지 못했던 새로운 내용이 보일 거야.
정치학
그동안 함께 공부하느라 수고했어. 자~ 그럼 난 이만… 안녕!

아리스토텔레스 정치학

신승현 글 | 박종호 그림

01 《정치학》을 쓴 사람은 누구일까요?

① 코페르니쿠스 ② 아리스토텔레스 ③ 플라톤
④ 소크라테스 ⑤ 데카르트

02 아리스토텔레스가 제자들을 가르치기 위해 만든 학교(또는 학원)를 무엇이라고 할까요?

① 아크로폴리스 ② 아카데메이아 ③ 리케이온
④ 아고르 ⑤ 옥스퍼드

03 아리스토텔레스가 정치에 관심을 가지게 된 계기를 준 인물은 누구일까요?

① 나폴레옹 ② 칭기즈칸 ③ 알렉산드로스
④ 아킬레스 ⑤ 헥토르

04 《정치학》은 어떤 책인지 다음 중 가장 올바른 것을 고르세요.

① 우리가 다른 사람들과 어울려서 행복하게 살아가는 데 꼭 필요한 지혜를 알려 주는 책
② 정치가들이 권력을 빨리 잡을 수 있는 지혜로운 방법을 적은 책
③ 통치자들이 잡은 권력을 오랫동안 유지하는 요령을 알려 주는 책
④ 정치학자들이 자신들의 정치 이론을 정리한 책
⑤ 종교와 사회관계를 정치 논리로 풀이한 책

05 아리스토텔레스는 《정치학》에서 '인간은 정치적 동물이다'라고 주장했습니다. 그가 이렇게 주장한 까닭을 가장 잘 설명하고 있는 것을 고르세요.

① 인간은 늘 정치적 지도자가 되기를 열망하고 있기 때문이다.
② 인간은 정치를 좋아하는 본성을 가지고 있기 때문이다.
③ 인간은 모든 일을 정치적으로 해석하기 때문이다.
④ 인간이 만든 학문 중에서 정치학이 으뜸이기 때문이다.
⑤ 인간은 공동체를 떠나서는 살 수 없기 때문이다.

06 아리스토텔레스는 개미, 벌, 침팬지, 고릴라 등이 국가를 이루지 못하는 까닭은 (　　)이(가) 없기 때문이라고 했습니다. 괄호 속에 들어갈 말로 알맞은 것을 고르세요.

① 재산　　② 지능　　③ 언어
④ 지도자　　⑤ 협동 정신

07 아리스토텔레스는 가장 바람직한 가정이 되려면 각각 태어난 목적대로 최선을 다하며 살아야 한다고 주장했습니다. 그런데 현실에서는 그렇게 하지 못했는데, 이를 해결하기 위해서 아리스토텔레스는 무엇이 필요하다고 했을까요?

____

05 ⑤ : 세상에 존재하는 여러 종류의 동물들 중에 폴리스(아리스토텔레스 당시에는 국가는 도시국가 형태를 띠고 있었음)를 이루고 사는 것은 인간밖에 없고, 인간은 이 폴리스를 떠나서는 인간답게 살 수 없기 때문에 인간만이 폴리스적 특성을 지니고 있다고 보았습니다. 아리스토텔레스는 처음에는 '인간만이 폴리스를 이루고 살고 있다.'는 의미로 이 말을 했던 것입니다. 그런데 '폴리스적'이라는 말이 후대 사람들에 의해서 '정치적'이라는 말로 쓰이게 되면서 '인간은 정치적 동물이다'라는 말로 바뀌게 되었습니다. / 06 ③

07 교육 : 아리스토텔레스는 사람은 교육을 통해서 자신의 삶의 목적이 무엇이며 어떻게 사는 것이 최선의 삶인가를 깨달아야 한다고 주장했습니다. / 08 국가 / 09 물질적인 여유를 바탕으로 덕을 실행에 옮기는 삶

10 첫째, 최고 관직에 오르는 사람들의 자격을 엄격하게 해야 한다. 둘째, 훌륭한 법을 만들고 이것을 모두가 지킬 수 있도록 해야 한다. 셋째, 교육을 통해 청소년들을 그 체제가 바라는 가장 바람직한 인간으로 키워야 한다. : 아리스토텔레스는 훌륭한 지도자, 공정한 법, 철저한 교육, 이 세 가지를 잘 운용하는 것이 가장 훌륭한 정치라고 주장했습니다

08 다음은 아리스토텔레스의 생각을 정리한 것입니다. '이것'은 무엇일까요?

- 이것은 여러 생활 공동체 중에서 가장 최고 수준에 해당한다.
- 이것이 가지고 있는 최선의 목적은 자급자족이다.
- 이것은 가장 완벽한 공동체이다.

09 아리스토텔레스가 주장하는 '최선의 삶'은 어떤 것이었나요?